21世紀漢語言專業規劃教材
專業方向基礎教材系列

音韻學教程
學習指導書

唐作藩　邱克威　編著

图书在版编目(CIP)数据

音韻學教程學習指導書/唐作藩,邱克威編著.—北京:北京大學出版社,2013.11
ISBN 978-7-301-23150-0
(21世紀漢語言專業規劃教材)
Ⅰ.①音… Ⅱ.①唐…②邱… Ⅲ.①漢語—音韵學—高等學校—教學參考資料 Ⅳ.①H11

中國版本圖書館 CIP 數據核字(2013)第 210313 號

書　　　名：音韻學教程學習指導書
著作責任者：唐作藩　邱克威　編著
責 任 編 輯：歐慧英
標 準 書 號：ISBN 978-7-301-23150-0/H・3390
出 版 發 行：北京大學出版社
地　　　址：北京市海淀區成府路 205 號　100871
網　　　址：http://www.pup.cn　新浪官方微博：@北京大學出版社
電 子 信 箱：zpup@pup.cn
電　　　話：郵購部 62752015　發行部 62750672　編輯部 62752028
　　　　　　出版部 62754962
印　刷　者：河北博文科技印務有限公司
經　銷　者：新華書店
　　　　　　650 毫米×980 毫米　16 開本　7.25 印張　150 千字
　　　　　　2013 年 11 月第 1 版　2025 年 1 月第 7 次印刷
定　　價：18.00 元

未經許可,不得以任何方式複製或抄襲本書之部分或全部內容。
版權所有,侵權必究
舉報電話：010—62752024　電子信箱：fd@pup.pku.edu.cn

目　錄

第一章　緒　論 / 1
　　第一節　音韻學的對象 / 2
　　第二節　音韻學的功用 / 3
　　第三節　音韻學的學習方法 / 5
　　綜合自測練習 / 6

第二章　音韻學的基礎知識 / 8
　　第一節　漢語音韻結構特點 / 9
　　第二節　反　切 / 12
　　第三節　關於聲紐的概念 / 14
　　第四節　關於韻母的概念 / 16
　　第五節　關於聲調的概念 / 20
　　第六節　等韻圖 / 23
　　綜合自測練習 / 25

第三章　《廣韻》音系 / 29
　　第一節　《廣韻》的由來和體例 / 31
　　第二節　《廣韻》的性質 / 36
　　綜合自測練習 / 39
　　第三節　《廣韻》的聲母系統 / 40
　　第四節　《廣韻》聲母和現代普通話聲母的比較 / 47
　　綜合自測練習 / 51
　　第五節　《廣韻》的韻母系統 / 54

第六節 《廣韻》韻母和現代普通話韻母的比較 / 60

第七節 《廣韻》的聲調 / 63

綜合自測練習 / 67

第八節 《廣韻》音系的構擬 / 69

第九節 《廣韻》反切的規律 / 72

綜合自測練習 / 75

第四章 漢語音韻學簡史 / 77

第一節 韻書產生以前的古音研究 / 78

第二節 《廣韻》以後的韻書 / 85

綜合自測練習 / 89

附錄:《音韻學教程》(第五版)練習題答案 / 91

第一章　緒　論

學習內容提要：

本章三節分別講授"什麼是音韻學"、"爲什麼學習音韻學"和"如何學習音韻學"，即音韻學的研究對象、學習音韻學的目的與功效和學習音韻學的方法。

教學目的要求：

本章的意義在於通過瞭解音韻學的研究對象、學習目的和學習方法，獲得一個宏觀的認識。只有認清研究對象和學習目的，才能達到最好的學習效果；加上正確的學習方法，更能做到事半功倍。所以，閱讀本章首先要認識音韻學是一門屬於歷史語音學範疇的學科，瞭解本學科的歷史發展及學科內的細部門類；第二，對於學習音韻學的目的主要掌握一個古爲今用的原則；第三，學習方法要懂得利用現代語音學知識、自己的方言和工具書。

重要名詞概念：

小學　古音學　今音學　等韻學　近代語音學

教學建議：

- 本章的最大作用是界定"音韻學"這門學科的性質，即其研究對象與研究範圍，當然也包括學習方法及學科意義。這雖然只是屬於概論式的內容，但卻能夠讓學生得到一個對本學科很好的通盤認識。正確地認識學科性質、瞭解自己的學習對象及範圍、認清自己的學習目的，就能更好地調動學習的積極性，學習也能事半功倍。
- 如果能夠按照教學對象的背景知識，聯繫一些實際例子進行講解"學習目的"，一定能引起學習者更大的學習興趣，比如古代詩歌的押韻、方言與普通話的對應等等。

第一節　音韻學的對象

學習目標：音韻學的定義
　　　　　音韻學的歷史發展
　　　　　音韻學的四個部門

重要知識點總結：
- 音韻學是分析研究漢字字音及其歷史演變的一門學科。
- 音韻學和語音學都是研究語音的，但由於研究對象的不同，所以是兩門不同的學科。
- 中國古代研究語言文字的學問叫"小學"。傳統的"小學"分爲三個門類：文字之學、訓詁之學、音韻之學。其中"音韻之學"又細分爲"今音學"、"古音學"、"等韻學"，後來又增"北音學"，即"近代語音學"。
- 音韻學的學習應該以"今音學"爲基礎。

重點和難點學習提示：

　　學習音韻學，首先要知道什麼是"音韻學"，包括它的研究目的和研究對象。而單純爲"音韻學"下一個定義是遠遠不足以説明白的。因此，我們必須從音韻學與相近學科的異同比較、音韻學這門學科的歷史發展、音韻學內部門類的細分這三個方面來對"音韻學"這門學科獲得一個全面、清楚的認識。

　　音韻學是以漢字的字音及其歷史演變爲研究對象的一門學科。它是專門研究漢語的語音系統的，是屬於歷史語音學的範疇。這也正是音韻學與語音學的不同之處。因爲語音學是從人類發音的生理、物理基礎角度出發來研究語音的，它是對人類語音的客觀描寫。

　　音韻學同時也是中國傳統學問當中的一個歷史悠久的門類。中國古代研究語言文字的學問叫"小學"。這個名稱的起源很早，而至晚到唐宋時"小學"又細分爲三個門類：文字學、訓詁學、音韻學。

　　其中"音韻學"又可細分爲"今音學"、"古音學"、"等韻學"，後來又增"北音學"，即"近代語音學"。今音學，又稱"廣韻學"，是以《切韻》系韻書爲對象，研究南北朝到隋唐時代的語音系統的學科；古音學是研究先秦兩漢時期的語音系統的學科,其研究材料以《詩經》用韻爲主,同時結合利用形聲字等;等韻學是以宋元以來的等韻圖爲研究對象,也可以說它是中國古代的普通語音學;近代語音學,又稱"北音學",是以《中原音韻》系韻書和近代等韻圖爲對象,研究唐宋至明清時期的語音系統的學科。

　　音韻學的四個部門中,研究《切韻》音系的"今音學"是其中的基礎。這是因爲《切韻》是現存最早的一部韻書,其成書在隋代,所以我們不論是研究此前或此後的語音系統,都是以《切韻》音系作爲樞紐,而據此上窺先秦兩漢的音系、下推唐宋以後的音系。然而,由於《切韻》長期失傳,而成書於宋代的《廣韻》是同系韻書中時代最早、流傳最廣、保存最完整的,所以一直以來研究者都是以《廣韻》作爲研究《切韻》音系的文本。因此"今音學"又稱"廣韻學"。應該認識到《切韻》與《廣韻》雖然有小異,但從總體音系格局而言,二者是一樣的。

第二節　音韻學的功用

學習目標:音韻學對於瞭解現代漢語語音系統的功用
　　　　　音韻學對於研究古代漢語和漢語史的功用
　　　　　音韻學對於學習其他學科如古典文學的功用

重要知識點總結:
- 學習音韻學的功用重點在於古爲今用。
- 音韻學能夠加強我們對於現代漢語音節結構的瞭解和掌握,有利於現代語音的規範化工作和幫助漢語方言調查與推廣普通話。
- 音韻學能夠幫助我們更好地利用工具書,尤其是傳統工具書,同時也能幫助我們辨認與研究古書中的通假字,以及加深對漢語詞源學的研究。
- 音韻學能夠幫助我們理解古典詩詞的押韻以及對古典文學作品中字義的考證。

重點和難點學習提示:
　　瞭解學習音韻學的功用,能夠加強學習的目的性與方向性。因爲音韻學是一門歷史語音學的學科,所以必須能夠將其中的相關知識聯繫到今天日常生活和其他學科的學習當中,這樣才能加強學習的趣味性,從而調動學習的積極性。

　　所以本節的內容強調學習音韻學的目的主要在古爲今用，具體舉出了三個方面：一、爲了更深入地瞭解現代漢語的語音系統；二、對於學習和研究古代漢語及漢語史的作用；三、和其他學科的關係。

　　第一方面，要知道今天分析現代漢語語音系統時所用的術語如聲母、韻母、聲調中的陰、陽、上、去等都是沿用傳統音韻學中的用語。還有，學習音韻學能加深對於漢語語音歷史演變的系統性與規律性的理解，這是很有利於現代漢語語音規範化工作的。另外，調查方言和在方言區中推廣普通話也需要音韻學知識，比如中國社會科學院語言研究所編的《方言調查字表》，就是利用《廣韻》音系來幫助分析方言語音系統的。

　　第二方面，學習古代漢語所用的很多工具書，如《佩文韻府》、《經籍籑詁》等都是按照古音編排的，所以掌握音韻學的相關知識對於這些工具書的使用是很必要的。另外，語言三要素彼此的關係是很密切的，學好漢語歷史語音的知識有助於理解和掌握古漢語詞彙與語法中的一些現象。比如古書中的通假字，不僅僅是文字和語音的問題，同時也反映了詞彙與語音的關係問題；尤其應該注意彼此通假的兩個字之間必須是在古音上聲音相同或相近的，而不可以用現代漢語的語音去理解通假現象。例如《詩經·周南·葛覃》的第三章："言告師氏，言告言歸。薄污我私，薄澣我衣。害澣害否？歸寧父母。"這裏是寫一個貴族女子回娘家，在動身之前要洗換一些衣物。其中"害"其實就是"曷"的通假，這是必須借助古音知識才能明白的，因爲"害"、"曷"二字在上古時期的聲母相同（都屬於匣母），韻部也同屬於月部。還有，考查詞源和研究漢語詞源學都需要掌握音韻學知識。此外，學習音韻學也能幫助解釋一些語法現象，如上古漢語的人稱代詞比較複雜，但利用歷史語音知識便能整理出規律來，並且知道它們其實是屬於歷史與地理的音變現象。例如古漢語中使用的第一人稱代詞有"我"、"吾"、"余"、"予"、"朕"、"卬"、"台"等幾個，這一現象看起來似乎很複雜，但是如果我們根據古音知識來分析，便能發現其實它們可能只是一個詞的不同時地的不同讀音與寫法：從古音來看"我"、"吾"、"卬"的聲母都近似[ŋ]；"余"、"予"、"朕"、"台"的聲母都近似[d]。它們的韻部也是比較接近的。

　　第三方面，學習古詩詞中平仄和押韻的規律都需要掌握音韻學知識，如許多古詩用今天的普通話讀起來並不押韻，但學過音韻學就知道其實本來都是押韻的，只是由於古今語音發生了變化，所以如今讀起來就不押韻了。例如李白的《玉階怨》："玉階生白露，夜久侵羅襪。却下水晶簾，玲瓏望秋月。"這首詩的韻腳是"襪"和"月",但今天普通話念起來一個是[ua]、一個是[ye],並不押韻。然而,如果用廣東梅州話或福建廈門話念起來就完全押韻了:梅州話"襪"念[mat]、"月"念[ȵiat];廈門話"襪"念[beʔ]、"月"念[ŋeʔ]。另外,對於古典文學作品中字義的考證,也需要音韻學知識,因為如前所述語言三要素是彼此緊密相聯的。

第三節 音韻學的學習方法

學習目標:學習音韻學要利用現代語音學知識
　　　　　學習音韻學要利用自己的方言和古音進行比較
　　　　　學習音韻學要隨時自己動手,多做練習

重要知識點總結:
- 語音系統是語言三要素中系統性最強的。
- 傳統音韻學著作中在解釋術語概念時有許多帶有神秘主義色彩的說法,我們必須利用現代語音學知識來進行分辨,同時掌握歷史語音演變的規律。
- 利用自己的方言和古音進行比較,掌握對應規律,可以起到鞏固基礎的作用。
- 多做練習,加強記憶。

重點和難點學習提示:

　　清楚了研究對象及學習目的之後,可以加強學習的方向性同時調動學習的積極性。但是如果要達到事半功倍的學習效果,就要掌握正確的學習方法。

　　語音系統是語言三要素中系統性最強的,所以只要能正確掌握規律,就能提高學習的效率。但是,學習音韻學也有困難的一面。首先,音韻學的術語很多,有一些術語的概念不是很明確,尤其古書中的解釋總是帶有神秘主義色彩,比如漢語的聲調平仄本來只是音高區別,并不是太難懂的,但清代著名的音韻學家江永在《音學辨微》中的描寫却叫人看了之後反而糊塗了,他說:"平聲音長,仄聲音短;平聲音空,仄聲音實;平聲如擊鐘鼓,仄聲如擊木石。"再比如,古代盛行"五行"(金木水火土)學說,而與"五行"相配套的還有"五方"(東西南北中)、"五色"(青白赤黑黃)等等,而古代音韻學家也往往將語音研究中的"五音"與這些"五行"、"五方"、"五色"進行附會,使本來很簡單的聲音的高低、發音的方法及部位等要素變得既神秘又費解。所以我們必須利用現代語音學知識,對這些術語和概念進行科學分析,破除迷信,理清頭緒。其次,音韻學是一門分析漢語字音及其演變規律的學科,所以必須熟悉漢字的古今讀音;通過利用自己方言和古音的比較分析,可以加强對於漢字古今讀音及其演變規律的記憶。比如入聲在多數北方方言中都已經消失了,普通話中也没有入聲,但粵方言却完整地保留了中古時期的入聲格局,即[-p]、[-t]、[-k]三種入聲韻尾,如"一"收[-t]、"六"收[-k]、"十"收[-p]。所以説粵方言的人可以利用自己的方言清楚地辨認古代的入聲。再次,學習音韻學,不論是術語概念或者是漢字古音和古今音演變規律都需要記憶,所以自己動手、多做練習是很重要的,因爲這是最好的加强記憶的方法。

綜合自測練習

一、名詞解釋
  1. 小學   2. 今音學   3. 古音學
  4. 等韻學   5. 北音學   6.《廣韻》

二、填空題
  1. "音韻學"又可細分爲 _____、_____、_____、_____ 四個部門。
  2. 音韻學的學習應該以 _____ 爲基礎。
  3. 北音學,又稱 _____,是以 _____ 系韻書和近代等韻圖爲對象,研究宋元至明清時期的語音系統的學科。
  4. 古音學是研究先秦兩漢時期的語音系統的學科,其研究材料以 _____ 爲主,同時結合形聲字等。
  5. 音韻學是以 _____ 爲研究對象的一門學科。它是專門研究漢語的語音系統的,是屬於 _____ 的範疇。

三、問答題

1. 請說明音韻學和語音學之間的關係和彼此的異同。

2. 音韻學如何能夠幫助我們更好地學習古代漢語？

3. 我們如何利用方言來幫助學習音韻學？請結合自己的方言來作進一步說明。

4. 學習音韻學會有哪些困難的地方？我們應該如何應對？

5. 學習音韻學的主要目的是什麼？它包括哪些方面？

第二章　音韻學的基礎知識

學習內容提要：

　　本章講授音韻學的幾個重要術語及概念，這是學好音韻學這門學科的重要內容。第一節重點在於瞭解漢語音節結構的聲韻調結合的特點。第二節要掌握反切的原理及其運作規律。第三、四、五節要求重點熟悉傳統音韻學對於聲母、韻母和聲調的分析，及其所使用的術語概念，同時能夠利用現代語音學知識分析這些名詞術語。第六節主要是瞭解等韻圖的性質和作用，同時掌握"等"和"轉"這兩個術語概念。

教學目的要求：

　　學習音韻學的第一道難關就是術語多、概念不明確。所以在開始階段對一些基本術語及概念進行梳理和講解是非常必要的。重點在於將這些術語及概念與現代語音學的知識聯繫起來進行解釋，這樣不僅易於接受，而且能夠加強記憶。所以第一節講解漢語音韻結構特點時要強調漢語音節結構的聲、韻、調結合特點，以及聲母、韻母各自的系統和彼此的配合規律。其後的反切、聲紐、韻母、聲調及等韻圖的內容也都要聯繫現代語音學知識進行講解。尤其第六節的等韻圖是古代對漢語音節結構中聲韻調配合的分析而整理出來的字音表，在解釋其中的術語及概念時就更需要聯繫現代語音學對漢語音節結構分析的基礎知識。

重要名詞概念：

反切	切上字	切下字	聲紐	三十六字母	五音
清濁	韻目	等韻圖	韻攝	開合	四呼
陰聲韻	陽聲韻	入聲韻	對轉	四聲	調類
調值	等	內轉、外轉	韻、韻類、韻部		

教學建議：

　　• 本章主要介紹一些音韻學中重要的概念及術語，並結合現代語音學知識進行解釋。由於本章的內容比較多，而且也是初次涉及，因此講授音韻學概念及術語時一定要注意時時對照普通話音系的實際，這樣能夠使學生容易接受與理解。另外，強調多做練習以加強對本章內容的掌握。
- 第二節講解"反切"的原理，這是學習音韻學最重要的入門基礎，要求多做練習來掌握反切的規律。
- 第三、四、五節是介紹聲母、韻母、聲調相關的概念及術語，講解時一定要多舉例子，並結合現代語音學知識來掌握。另外，有些內容是要求記憶的，尤其是"宋人三十六字母"及其發音部位、發音方法，這是一定要重點記憶的。
- 第五節"等韻圖"的內容相對來說比較複雜，有許多細節的部分可能理解上會有困難。建議以實際韻圖如《切韻指掌圖》或《韻鏡》來進行解說，這樣可以加強對韻圖結構及其編排原理的認識。另外，"十六攝"是重點要求記憶的內容。

第一節　漢語音韻結構特點

學習目標：漢語的音節結構特點
　　　　　　漢語的聲母、韻母和聲調系統
　　　　　　漢語拼音方案和國際音標的對照
　　　　　　漢語的聲母、韻母配合規律

重要知識點總結：
- 漢語的音節結構是由聲母和韻母組成，另外加上一個貫穿全音節的聲調。
- 聲母是音節起首的輔音音位；音節起首如果不出現輔音，則稱做零聲母。
- 韻母又可分析為韻頭、韻腹、韻尾。在語音學上，韻頭又叫介音，韻腹又叫主要元音，韻尾又叫收音。
- 聲調是貫穿整個音節的超音段音位，是一個音節的音高。
- 漢語音節結構中，韻腹和聲調是必不可少的成分。

重點和難點學習提示：

　　漢語音韻學是分析漢語字音及其歷史演變的一門學科，而漢字的語音分析是以音節爲單位的，所以學習音韻學首先要瞭解漢語音節結構的特點。

　　傳統音韻學將漢語音節結構分析爲"聲"、"韻"兩部分，另外還有一個聲調。現代語音學的分析也是分爲聲母、韻母和聲調。韻母又細分析爲韻頭、韻腹和韻尾。在現代語音學上，韻頭又叫介音，韻腹又叫主要元音，韻尾又叫收音。從漢字的音節分析來看，韻腹和聲調是實際音節中必不可少的成分。而在漢語音韻學上聲母位置的空缺也算是一個單位，叫做"零聲母"。

　　比如"莊"zhuang，zh 是聲母、u 是韻頭、a 是韻腹、ng 是韻尾。而 uang 又合起來構成韻母。另外還有一個貫穿整個音節的聲調。

　　根據以上分析，我們可以將漢語音節結構的格式寫成：

$$（聲母）＋（韻頭）＋\ 韻腹\ ＋（韻尾）$$
$$聲調$$

＊（　）：表示可以不出現

其中的"韻腹"與"聲調"是必不可少的，而加了圓括弧的"聲母"、"韻頭"、"韻尾"則可以不出現，或者可以説是以"零形式"出現。

　　現代的音韻學家比起傳統音韻學家來最大的優勢之一，就是擁有一套科學系統的音標工具。利用這一套音標工具，以及相關的語音知識，我們可以進行古音構擬，而通過古音構擬，我們就可以同時檢驗自己所研究的語音系統是否合理，如聲韻系統的歷時演變、共時層面下聲母系統及韻母系統內部的整齊對應性、聲母系統及韻母系統內部各成員之間的遠近關系，等等。所以，熟悉并有效地使用這些音標工具對於學習音韻學是十分必要的，包括漢語拼音方案和國際音標。

　　下面就附一份普通話聲、韻、調的漢語拼音與國際音標對照表：

（一）聲母

b	p	m	f	d	t	n	l
[p]	[pʰ]	[m]	[f]	[t]	[tʰ]	[n]	[l]

g	k	h		j	q	x
[k]	[kʰ]	[x]		[tɕ]	[tɕʰ]	[ɕ]
zh	ch	sh	r	z	c	s
[tʂ]	[tʂʰ]	[ʂ]	[ʐ]	[ts]	[tsʰ]	[s]

(二) 韻母

開	齊	合	撮
ï	i	u	ü
[ɿ, ʅ]	[i]	[u]	[y]
a	ia	ua	
[a]	[ia]	[ua]	
o		uo	
[o]		[uo]	
e	ie		üe
[ɤ]	[ie]		[ye]
ai		uai	
[ai]		[uai]	
ei		uei	
[ei]		[uei]	
ao	iao		
[au]	[iau]		
ou	iou		
[əu]	[iəu]		
an	ian	uan	üan
[an]	[ian]	[uan]	[yan]
en	in	un	ün
[ən]	[in]	[uən]	[yn]
ang	iang	uang	
[aŋ]	[iaŋ]	[uaŋ]	
eng	ing	ong	weng	iong
[əŋ]	[iŋ]	[uŋ]	[uŋ]	[yŋ]
er			
[ɚ]			

(三) 聲調

陰平	陽平	上聲	去聲
第一聲	第二聲	第三聲	第四聲
[55]	[35]	[214]	[51]

第二節　反　切

學習目標：反切的原理
　　　　　　反切以外的注音方法
　　　　　　反切的起源
　　　　　　利用古今音變規律將反切拼讀出現代讀音
　　　　　　古代對反切的改良

重要知識點總結：

- 反切是一種注音方法，是用兩個漢字注出另一個漢字的讀音，即前一個字表示被注字的聲母，後一個字表示被注字的韻母和聲調。
- 由於古書是直排上下書寫的，所以前一字稱做"切上字"，後一字稱做"切下字"。由於時代局限，古代的反切上下字用字都很不規範。
- 反切通行以前，漢字注音方法有"譬況法"、"讀如、讀若"、"直音法"。但這些方法都有局限，所以才產生了反切法。
- 反切是在梵文拼音方法的啓發和影響下創造出來的。就產生時間來看，大約在東漢後期就已經開始使用反切法注音了。
- 由於古今語音的變化，古代反切往往不能拼切出現代的讀音，這就需要掌握古今音變的規律，進行折合才能拼出準確的讀音來。
- 爲了解決古今音變問題，宋代以後就對傳統反切進行改良。另外，明末清初還重新設計反切，講求"用本呼的字"，就是切上、切下和被切字都介音一致，以此達到拼切讀音上的和諧。
- 雙聲叠韻與反切的原理關係密切，古代韻書往往借用雙聲叠韻來解釋和練習反切法。

第二章　音韻學的基礎知識

重點和難點學習提示：

　　"反切"是音韻學中最基礎的概念之一。掌握反切的原理和運作規律是學習音韻學中至關重要的一環。反切的原理，清末陳澧《切韻考》中説得很明白："切韻之法以二字爲一字之音，上字與所切之字雙聲，下字與所切之字叠韻。上字定其清濁，下字定其平上去入。"

　　首先，反切是古代的一種注音方法，其原理是以兩個漢字給另外一個漢字注音，前一字表示被注字的聲母，後一字則表示韻母及聲調。而由於古代書寫順序是自上而下的，所以前一字叫"切上字"、後一字叫"切下字"，而它們所注音的字一般稱"被切字"。舉例如"都，當孤切"，取切上字"當[taŋ]"的聲母[t]，和切下字"孤[ku]"的韻母[u]及聲調"平聲"，拼合出被切字"都"的讀音[tu]。

　　在早期使用反切注音時，切上字與切下字都用得不太規範，如同一個聲母就分別使用好幾個切上字。《廣韻》是一部隋唐以來的字音反切的一次系統性編輯整理韵書，其中表示[t]聲母的切上字就用了"都、丁、多、當、得、德、冬"七個不同的字。另外，由於古今語音的變化，使得後來的人使用舊反切時往往拼切不出當時的字音。所以今天在使用反切拼切字音時，就需要結合漢語語音的歷史演變規律來拼切出正確的字音。比如"公，古紅切"，由於平聲分陰陽兩個調，用今天普通話的字音來拼切的話，切下字"紅"的聲調與被切字"公"的聲調不符。所以我們要掌握平分陰陽的規律是以聲母的清濁爲條件的，即清聲母爲陰平、濁聲母爲陽平，而切上字"古"是清聲母，因此"古紅切"拼切出來的讀音就應該是陰平調的。在古代，從宋代開始就已經意識到上述問題，并使用改良舊反切的做法來進行處理，比如改換切上字或切下字以求符合當時的語音現狀。另外，明末清初還重新設計反切，如"用本呼的字"設計反切，兩個注音字和被注字都要求介音一致，以此達到拼切讀音時語音和諧的效果。例如"雞，古奚切"，但"古"是合口呼、"奚"是齊齒呼，所以將反切改成了"堅奚切"，這樣一來反切上下字都是齊齒呼字了。另外，重新設計的反切也會同時照顧到聲調的變化，如"東，德紅切"改成了"篤翁切"，不僅上下字的四呼和諧了，連切下字也改用陰平調的"翁"，以與被切字"東"取得更一致的拼切。到清代還有李光地的《音韻闡微》更進一步主張要避免使用生僻字。

　　反切法只是古代注音方法中的一種，在使用反切以前，古代還有"譬況法"、"讀如、讀若"、"直音法"等注音手段。現存最早的反切材料是東漢後期的，如應劭和服虔注釋的古書當中。至於反切的起源一般认为是在梵文拼音方法的啓發和影響下創造出來的，但也有人從古代的合音字現象中推測是中國固有的。只是漢字合音現象完全出於語音的自然合併，而反切則是一種自覺使用拼音原理進行拼切字音的行爲，是對漢字音韻結構經過一番科學分析後的結果。

雙聲叠韻的原理與反切的拼切法彼此相通。而雙聲叠韻在古代聯綿字中大量存在，爲人所熟悉，所以古代韻書中往往附錄"雙聲叠韻法"之類的圖表，借用雙聲叠韻的原理來解釋反切，同時也是進行反切的練習。

第三節　關於聲紐的概念

學習目標：現代語音學對於聲母的分析
　　　　　　聲紐的定義
　　　　　　字母的概念及其演變
　　　　　　五音與七音、九音的内容及現代語音學的分析
　　　　　　清濁的定義及現代語音學的分析

重要知識點總結：
- 充當聲母的輔音從語音學上的分析分爲兩方面：發音部位和發音方法。
- 傳統音韻學上，表示聲母的概念有"聲"或"紐"，或者合稱"聲紐"。
- "字母"是音韻學中用來表示聲母的代表字，隋唐時期流行有"三十字母"，即三十個聲母的代表字，到宋代就發展爲"三十六字母"。
- 傳統音韻學從發音部位上將聲母分析爲五音，即喉、牙、舌、齒、唇。此外舌音又分爲舌頭、舌上，齒音又分爲齒頭、正齒；後來再加上半舌音、半齒音，於是就有七音、九音的概念。
- 傳統音韻學對於聲母的發音方法，主要以"清"、"濁"來進行分析。從語音學來看，"清濁"概念牽涉的方面較多，主要是送不送氣和聲帶振動不振動。

重點和難點學習提示：
　　漢語的聲母（除零聲母）是由輔音構成的。現代語音學對輔音的分析是根據發音部位和發音方法兩個方面進行的。發音部位有唇音、舌音、喉音等；發音方法有塞音、擦音、邊音等。傳統音韻學對聲母的分析主要是

"五音"和"清濁",基本上也是依據發音部位和發音方法兩個方面的因素。五音是指"喉音"、"牙音"、"舌音"、"齒音"、"唇音"。從現代語音學來看,這些名稱不是很合理。比如"牙音"其實就是指舌根塞音和後鼻音的"見"[k-]、"溪"[kʰ-]、"群"[g-]、"疑"[ŋ-]。"舌音"又分爲"舌上音"和"舌頭音","舌上音"指的是舌尖中的塞音、鼻音和邊音"端"[t-]、"透"[tʰ-]、"定"[d-]、"泥"[n-]、"來"[l-];"舌頭音"指的是舌面前的塞音和鼻音的"知"[ʈ-]、"徹"[ʈʰ-]、"澄"[ɖ-]、"娘"[ɳ-]。"齒音"也分"齒頭音"和"正齒音","齒頭音"指舌尖前的塞擦音和擦音"精"[ts-]、"清"[tsʰ-]、"從"[dz-]、"心"[s-]、"邪"[z-];"正齒音"指舌面前塞擦音和擦音的"照"[tɕ-]、"穿"[tɕʰ-]、"狀"[dʑ-]、"審"[ɕ-]、"禪"[z-]。"喉音"其實指的是舌根擦音和半元音、零聲母"影"[ø-]、"喻"[j-]、"曉"[x-]、"匣"[ɣ-]。只有"唇音"是與現代語音學的分析完全一致的,"重唇音"就是雙唇音"幫"[p-]、"滂"[pʰ-]、"並"[b-]、"明"[m-],"輕唇音"就是唇齒音"非"[pf-]、"敷"[pfʰ-]、"奉"[bv-]、"微"[ɱ-]。原本的"五音",由於"舌音"和"齒音"各分爲二,所以就構成了"七音"。另外,"日"[nz-]被分析爲半齒音,還有"來"[l-]後來也被分析爲半舌音,加起來就構成了"九音"。所以音韻學上除了"五音"以外,還有"七音"、"九音"的概念。

　　從現代語音學上來看,"五音"不完全等同於發音部位的分類,其中也混雜一些發音方法的因素。但以古代音韻學家的角度分析,"五音"還是着眼於發音部位的分類的,只是古代音韻學家的分析角度與現代語音學的角度有所不同。

　　"清濁"是對聲母發音方法上的分析。從現代語音學來看,其中牽涉的主要有兩方面:一、聲帶振動不振動;二、送氣不送氣。後來"清濁"又細分爲"全清"、"次清"、"全濁"、"次濁"。"全清"指的是不送氣、不帶音的塞音、塞擦音和擦音,"次清"指的是送氣、不帶音的塞音、塞擦音和擦音,"全濁"指的是帶音、不送氣的塞音、塞擦音和擦音,"次濁"指的是帶音的鼻音、邊音和半元音。

　　傳統音韻學稱聲母爲"聲"、"紐",或合起來稱"聲紐"。由於沒有音標,古代提到某聲母只能用一個漢字來表示,這個代表字就叫"字母"。"字母"不同於反切上字,它是比較固定的用字。古代音韻學家將他們分析漢語聲母所得出的所有聲母的代表字,即"字母",按照五音分類列成一個表就叫字母表。現在發現最早的字母表是唐末的《歸三十字母例》和《守溫韻學殘卷》中的三十字母。而到了宋代則增至"三十六字母",這個宋人三十六字母是傳統音韻學中運用得比較廣泛的。唐末三十字母和宋代三十六字母不僅在數量上不同，而且對聲母發音部位的分析歸納，以及五音的排列也有不同。

三十六字母的五音排列及現代擬音是：

牙音	見[k-]	溪[kʰ-]	群[g-]	疑[ŋ-]		
舌音（舌頭音）	端[t-]	透[tʰ-]	定[d-]	泥[n-]		
（舌上音）	知[ṭ-]	徹[ṭʰ-]	澄[ḍ-]	娘[ṇ-]		
唇音（重唇音）	幫[p-]	滂[pʰ-]	並[b-]	明[m-]		
（輕唇音）	非[pf-]	敷[pfʰ-]	奉[bv-]	微[ɱ-]		
齒音（齒頭音）	精[ts-]	清[tsʰ-]	從[dz-]		心[s-]	邪[z-]
（正齒音）	照[tɕ-]	穿[tɕʰ-]	牀[dʑ-]		審[ɕ-]	禪[ʑ-]
喉音	影[ø-]			喻[j-]	曉[x-]	匣[ɣ-]
半舌音					來[l-]	
半齒音					日[nʑ-]	

第四節　關於韻母的概念

學習目標：現代語音學對於韻母的分析
　　　　　　韻、韻類、韻部、韻目的定義及其現代語音學的分析
　　　　　　韻攝的定義及概念
　　　　　　開合與四呼的概念
　　　　　　陰聲韻、陽聲韻、入聲韻的概念
　　　　　　對轉的概念

重要知識點總結：

- 語音學上分析元音是根據口腔的開合、舌位的高低前後和嘴唇的圓展三方面的條件決定的。
- 傳統音韻學上有韻、韻類、韻部、韻目等概念。用現代語音學分析，"韻"是包含了韻腹、韻尾、聲調的單位；"韻類"是指韻書中通過分析反切下字所得出的類別的一種單位；"韻部"是只包含了韻腹和韻尾的單位；"韻目"是韻書中表示某韻的代表字。
- "韻攝"是中古以後，尤其等韻圖中，將韻尾相同、韻腹相近的韻部歸

併成的一種單位。
- 音韻學根據韻頭的不同，把韻母分爲"開"、"合"兩大類。"合"（即合口）是指韻頭是 [u] 或者韻腹是 [u] 的韻母；反之則都歸爲"開"（即開口）。
- 四呼是指"開口呼"、"齊齒呼"、"合口呼"、"撮口呼"，傳統音韻學的四呼與現代語音學的四呼是一樣的，也是按韻頭的不同爲韻母分的類。這些名稱在明代就有了，但到了清代的潘耒《類音》才正式確立純粹從唇形的分析將韻母分爲"四呼"。
- 音韻學根據韻尾的不同，把韻母分爲"陰聲韻"、"陽聲韻"、"入聲韻"三大類。"陰聲韻"是指無韻尾和以元音爲韻尾的韻母；"陽聲韻"是指以鼻輔音 [-m]、[-n]、[-ŋ] 爲韻尾的韻母；"入聲韻"是指以塞音 [-p]、[-t]、[-k] 爲韻尾的韻母。
- 對轉，是漢語語音演變的一種規律，是指主元音保持相同的條件下，韻尾發生陰聲韻、陽聲韻、入聲韻之間的變化。古代稱做"陰陽對轉"。另外還有韻尾保持相同的條件下，主元音發生變化的一種規律，叫"旁轉"。

重點和難點學習提示：

現代語音學上對元音的分析是根據口腔的開合、舌位的高低前後和嘴唇的圓展三方面的條件進行的。漢語音節結構中的韻母是由韻頭、韻腹、韻尾三個部分組成的，其中韻頭和韻腹一定是由元音充當，而韻尾的位置上則除了元音外也可以由輔音充當。其中以鼻音 [-m]、[-n]、[-ŋ] 爲韻尾的韻母就叫"陽聲韻"，而以塞音 [-p]、[-t]、[-k] 爲韻尾的就叫"入聲韻"。

傳統音韻學上分析韻母的概念和名詞比較多，重要的有"韻"、"韻類"、"韻部"、"韻目"等。從現代語音學來看，"韻"是包含了韻腹、韻尾、聲調的單位，通常說的作詩押韻的"韻"就是這個概念。比如孟浩然的《春曉》：

春眠不覺曉，處處聞啼鳥。
夜來風雨聲，花落知多少。

韻脚字是"曉"、"鳥"、"少"，它們的普通話讀音分別是 [ɕiău]、[niău]、[şău]，韻母則包括 [iau] 和 [au] 兩種。但它們的韻腹、韻尾及聲調是一致的。而《平水韻》中這三字都屬於蕭韻上聲"篠韻"，這正是因爲詩歌押韻中"韻"與"韻母"的概念不同，韻只包括韻腹、韻尾、和聲調，並不包括韻頭即

介音在内。所以詩歌押韻只講求韻腹、韻尾、聲調一致,而不要求介音也一致。再如杜甫《贈衛八處士》:

人生不相見,動如參與商。
今夕復何夕,共此燈燭光。
少壯能幾時,鬢髮各已蒼。
訪舊半爲鬼,驚呼熱中腸。
焉知二十載,重上君子堂。
昔別君未婚,兒女忽成行。
怡然敬父執,問我來何方。
問答乃未已,兒女羅酒漿。
夜雨翦春韭,新炊間黃粱。
主稱會面難,一舉累十觴。
十觴亦不醉,感子故意長。
明日隔山岳,世事兩茫茫。

韻脚字有"商"、"光"、"蒼"、"腸"、"堂"、"行"、"方"、"漿"、"梁"、"觴"、"長"、"茫"。其普通話讀音分別爲 [ʂāŋ]、[kuāŋ]、[tsʰāŋ]、[tʂʰáŋ]、[tʰáŋ]、[háŋ]、[fāŋ]、[tɕiāŋ]、[liáŋ]、[ʂāŋ]、[tʂʰáŋ]、[máŋ]。其中韻母包括 [aŋ]、[iaŋ]、[uaŋ] 三種。但同樣的,它們的韻腹、韻尾相同及聲調只是陰平、陽平不同,而這十二個字在《平水韻》中也同屬於平聲陽韻字。這又一次說明了詩歌押韻的"韻"的概念是與語音學上的"韻母"不同的,它只包括韻腹、韻尾、聲調,而不包括介音。

"韻類"是指韻書中通過分析反切下字所得出的類別的一種單位,這是分析反切時使用的術語及概念,并不是純粹意義上的語音單位;"韻部"是只包含了韻腹和韻尾的單位,它是比"韻母"和"韻"都大的單位,也可以説是"韻"的一個上級單位,即處在平行地位上的平上去入四聲的一組"韻"就構成一個"韻部"(入聲韻亦可自成韻部);"韻目"是韻書中表示某韻的代表字,比如《廣韻》有二百零六"韻",每個"韻"都有一個代表字,每個字就是一個"韻目"。例如《廣韻》的平聲"東韻"收了十七個字:東、蕫、鶇、倲……,這十七個字都可以拿來作爲這個韻的代表字,而韻書作者選擇了"東"字,因此這一個韻就稱做"東韻",而"東"就是一個"韻目"。

此外,還有一個"韻攝"的概念。"韻攝"是一個更大於"韻部"的單位,它是指主元音相近、韻尾相同的一組"韻"。比如"效"攝,包括"豪、肴、宵、蕭"四個韻部(包含其平行的上去聲韻,一共是十二個韻),以韻母來分析則分別爲[ɑu]、[au]、[iɛu]、[ieu]。但因爲它們的韻尾都是[-u],而且主元音也相近,所以合併成一個"韻攝"。"韻攝"是音韻學關於"韻"的分析中最大的一個概念。《廣韻》二百零六"韻",歸納成六十一個"韻部",又合併爲十六個"韻攝"。這十六個"韻攝"中各所包含的韻數是不同的。

　　音韻學對韻母的分析還有一些重要的概念,主要是如下三組:"開合"、"四呼"、"陰聲韻、陽聲韻、入聲韻"。前二者關係到韻頭和韻腹,最末一個則是對韻尾的分類。

　　"開合"就是指"開口"和"合口"。"合"(即合口)是指韻頭是[u-]或者韻腹是[u-]的韻母;反之則都歸爲"開"(即開口)。值得注意的是,古代漢語音節結構中有以[i-]和[u-]同時做介音的,這樣的韻母也算作"合口",即只要韻母的韻頭和韻腹中含有[u-]音就屬於合口。古代音韻學家也有以"開合"爲韻母的"呼"的,即稱做"開口呼"、"合口呼"。但這與語音學分析現代漢語開、齊、合、撮"四呼"中的開口呼、合口呼有所不同。古代開合兩呼的區別只是韻母的圓唇或者不圓唇。其實現代使用的"四呼"的名稱早在明代就在使用了,直到清代潘耒的《類音》就已經按照發音時唇形的不同,將韻母分析爲四呼了,即"開口呼、齊齒呼、合口呼、撮口呼"。從開、合二呼到開、齊、合、撮四呼,漢語韻母中的介音系統經歷了一段歷史演變過程,其中關鍵的因素是上述[i-]和[u-]組合的介音演變爲[y-]介音,即撮口呼的產生。

　　"陰聲韻"是指零韻尾或者以元音爲韻尾的韻母,"陽聲韻"是以鼻音[-m]、[-n]、[-ŋ]爲韻尾的韻母,"入聲韻"是指以塞音[-p]、[-t]、[-k]爲韻尾的韻母。"陰聲韻"、"陽聲韻"和"入聲韻"的三大類韻尾在現代許多方言中都不齊全了,包括今天的普通話也一樣,但在粵方言中却保存得比較完整。比如"因、音、英"三個字,廣州話念作"因[jɐn]"、"音[jɐm]"、"英[jiŋ]",分別屬於三個不同的韻尾[-n]、[-m]、[-ŋ]。而普通話的陽聲韻尾則已經合併,只剩了兩個[-n]、[-ŋ]:"因、音[in]"、"英[iŋ]"。另外,"入聲韻"在普通話及多數北方方言中都已經消失,而廣州話仍保存得較完整,如"一[jɐt]"、"六[lok]"、"十[sɐp]",而這些字在普通話中都已經變成陰聲韻了。

　　音韻學中跟韻母有關的還有一個"對轉、旁轉"的概念。這些概念的提出正表現了音系結構的系統性以及語音演變的規律性,同時也更表明了中國古代音韻學家很早就認識到這種系統性與規律性,並加以利用來說明古今音變的問題。首先,古代音韻學家認識到陰聲韻、陽聲韻、入聲韻之間並不是完全獨立的，它們彼此相配，而且配得很有系統性。而這種系統性也體現在語音演變上。即彼此相配的陰聲韻、陽聲韻、入聲韻之間在語音的歷史演變中常常會以互相轉換的方式進行演變，古音韻學家稱之爲"對轉"。"對轉"就是指主元音保持相同的條件下，韻尾發生陰聲韻、陽聲韻、入聲韻之間的變化。"旁轉"則是指韻尾保持相同的條件下，主元音發生變化的一種規律。這種轉化的語音變化是漢語語音變化的一個普遍規律，表現出了漢語語音系統性的特點。其中"對轉"的現象尤其普遍，應用得也較多，所以更重要。古代多稱做"陰陽對轉"，因爲古代音韻學家把入聲韻歸到陰聲韻裏。

第五節　關於聲調的概念

學習目標：聲調的性質
　　　　　　四聲的概念及古今變化
　　　　　　五度標調法和四角標調法
　　　　　　平仄和舒促的概念

重要知識點總結：
- 聲調是屬於音高上的變化，它與重音不同。重音是語音強弱上的變化。
- 古代四聲指平聲、上聲、去聲、入聲，現代普通話四聲指陰平、陽平、上聲、去聲。
- 四聲名稱的提出是在南北朝齊梁時代。
- 五度標調法是一套依據相對音高製定的聲調調值標注法，使用"1"至"5"的五度音高進行記錄，是20世紀二十年代創製的。四角標調法是古代一種標注聲調調類的方法，利用在一個漢字的四個邊角處標上符號的做法來進行標類。
- "平仄"是指平聲和仄聲，仄聲即上、去、入三聲。舒促是指舒聲和促聲，舒聲指非入聲的聲調，促聲即入聲。舒促同時也是陰聲韻、陽聲韻與入聲韻之間的區別。

重點和難點學習提示：
　　從現代語音學分析，漢語音節結構中的聲母和韻母都是由音素成分構成的,聲調則是屬於超音素成分,具體説是屬於音高上的變化。同樣屬於超音素成分的還有音强和音長。音强就是以重音位置的不同來區分意義,音長則是通過元音的長短來區分意義。漢語的音節主要是以音高的不同,即聲調高低來進行意義區分。然而,音長也往往起一定作用,比如陰聲韻和入聲韻往往也是元音長短的不同。語音强弱在古漢語中則不起區別意義的作用。

現在普通話的四聲指的是陰平、陽平、上聲、去聲,而古代漢語的四聲則是平聲、上聲、去聲、入聲。所以音韻學中提到的"四聲"一般就是指平、上、去、入。"四聲"的名稱起於南北朝齊梁時代(5世紀末至6世紀初)。但應該指出的是,提出"四聲"是古代對漢字音韻結構分析上的一大進步,是屬於認識水平上的提高,不能説是某人"發明"或者"創造"了四聲,更不能據此就説此前漢語中没有聲調。

音韻學中的平、上、去、入"四聲"是屬於調類上的分類,至於古代漢語四個聲調的具體調值則没有明確記録,有的只是一些語意含糊的描述,如明代真空和尚曾作《玉鑰匙歌訣》,其中提到:"平聲平道莫低昂,上聲高呼猛烈强,去聲分明哀遠道,入聲短促急收藏。"但是這樣的描寫不僅含糊不清,也叫人懷疑其真實性——即他對各聲調音高的描寫究竟是實際如此,還是附會各聲調的名稱而作的。因此,對古代四聲調值的研究一直是學科中的一個難點。然而,我們也不應該過於苛求古人,畢竟古代既没有語音實驗儀器,也没有音標符號。所以相比之下,我們更應該注意到古代音韻學家盡其所能利用各種方式説清聲調調值的努力,如明末袁子讓《字學元元》除了描述各聲調的音高外,還引用他人的比喻作形象描繪,他説:"大概平聲鏗鏘,上聲蒼老,去聲脆嫩,入聲直樸。"又説:"説者謂平聲似鐘,上聲似鼓,去聲似磬,入聲似柷。"

一直到"五四"運動以後,通過劉復、趙元任等人的研究才有了一套對漢語聲調調值進行描寫的系統,就是"五度標調法"。至於古代,由於只有調類的區分而無調值的描寫,所以傳統音韻學另有一套調類標注法,叫"四角標調法"。"四角標調法"是通過在一個漢字的四個角上標註符號來表示調類。具體做法是:從左下角開始,依次順時針爲平、上、去、入,另外再以符號下加一横綫來區分陰陽調類。

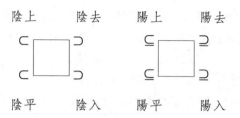

以普通話爲例子,"媽、麻、馬、罵"四字的標調法爲:

"五度標調法"是一種相對音高值的一套描寫系統,從"1"到"5"分別五度相對音高,再以音節起點和音節末尾之間的音高變化作爲對象進行調值描寫。此外,遇到轉折調則還另須對轉折處的相對音高進行描寫。比如,普通話的陰平調是個高平調,"五度標音法"的調值是"55",陽平是高揚調"35",上聲是個曲折調"214",去聲是高降調"51"。目前國際音標對於漢語聲調的標注法用的正是"五度標調法"。以下再以"媽、麻、馬、罵"四字爲例,看看其標注調值的方法:

媽 [ma^{55}]

麻 [ma^{35}]

馬 [ma^{214}]

罵 [ma^{51}]

音韻學中關於聲調的分析還有"平仄"和"舒促"的概念。"平仄"是指"平聲"和"仄聲"。"仄聲"就是指平聲以外的上、去、入三個聲調,就是説"平仄"概念其實是區別平聲與非平聲的。而"舒促"則是區別入聲與非入聲的,具體説就是"舒聲"指平、上、去三個聲調,"促聲"指的即是入聲。從韻母的角度説，"舒聲"其實就是陰聲韻、陽聲韻，而"促聲"就是入聲韻。

第六節　等韻圖

學習目標：等韻圖的性質
　　　　　　等韻圖的結構
　　　　　　"輕"、"重"的概念
　　　　　　"等"的概念
　　　　　　"内轉"、"外轉"的概念

重要知識點總結：
- 等韻圖是古代音韻學家編製的一種聲、韻、調配合表，它最初是用來分析反切的。
- 古代等韻圖在具體編排上會有些不同，但基本原則都是利用分圖表，以及表中的行和列對漢字音韻結構上的聲、韻、調進行分級性的分析，同時表現其配合規律。
- "輕"、"重"是等韻圖中使用的術語，它指的就是韻母的開合。
- "等"是等韻圖的一個基本概念，也是音韻學的一個核心概念。它的性質比較複雜。用現代語音學來看，它主要是分析韻母的。按原理來説，每個韻都有開合各四等。從"一等"到"四等"，現在比較通行的説法是清代江永提出的，即韻母開口度因介音的有無和主元音的變化由大到小的區别。又由於聲韻的搭配關係，後來也給聲母分出"等"來。
- 等韻圖中另外還有"攝"和"轉"的概念。
- "攝"即第四節中提到的"韻攝"。早期韻圖將《廣韻》分析爲十六攝，各攝中所含的韻數不一。
- "轉"分"内轉"和"外轉"。現在比較通行的説法是韻圖中凡有二等韻的攝就叫"外轉"，反之就叫"内轉"。

重點和難點學習提示：

　　等韻圖是古代音韻學家編製的一種聲、韻、調配合表。所以，"等韻學"就是古代音韻學家通過分析韻書中的反切，然後用圖表的方式來體現出漢語音節結構的聲、韻、調配合規律的一門學問。

現存最早的韻圖是分析《廣韻》音系的《韻鏡》和《七音略》,此外宋代還有反映時音的《切韻指掌圖》。它們在具體編排體例上有些不同,但是基本原則都是一樣的。那就是,這些等韻圖都是按照聲、韻、調來進行分級的編製排列的,即或是以聲調爲第一級分圖再以聲母、韻母爲橫排和豎列進行搭配,或是以韻來分圖表再按照聲調、聲母進行橫排和豎列的搭配。比如《韻鏡》就是以"韻"作爲第一級的,其第一圖"内轉第一開"左邊豎行列著"東、董、送、屋"四個韻目以標示四聲,而表上的橫行則分爲六欄將聲母分別按照五音列出來,即"唇音"、"舌音"、"牙音"、"齒音"、"喉音",而另將來母、日母單列一欄"舌音齒"。其"五音"各欄下又分"清"、"濁"。此外,《切韻指掌圖》的結構與《韻鏡》也是基本相同。即以"韻"作爲第一級進行編排的,但在聲、韻、調的標示上則都有不同,尤其是聲母的標示。《切韻指掌圖》在表上橫行是列出宋人三十六字母來標示聲母的。

等韻圖中對聲母通常進行"五音"、"清濁"等分類。對韻母的分析就比較複雜,涉及的名稱有"輕重"、"等"、"攝"、"轉"。比如《韻鏡》第一圖標目是"内轉第一開",而在《七音略》裏相應的圖中則在標目下另有"重中重"三字。

等韻圖中的"輕重"其實指的就是韻母的開合,即"重"表示開口、"輕"表示合口。至於《七音略》中的"重中重"、"重中輕"、"輕中輕"、"輕中重"等,一般則認爲以前一字的輕、重來定開口、合口,即"重中重"和"重中輕"是開口,"輕中輕"和"輕中重"是合口。

"等"是等韻圖的一個基本概念,也是音韻學的一個核心概念。它的性質比較複雜。它本來是古代音韻學家用來分析韻的,但後來由於聲韻和韻的配合關係也給聲母分出了"等"。從現代語音學來看,"等"是介音與主元音的區別。等韻圖將韻母分析爲四個"等",從"一等"到"四等",現在比較通行的說法是清代江永提出的,是韻母開口度因介音和主元音的變化由大到小的區別,即"一等洪大,二等次大,三四皆細,而四尤細"。其中重要的關鍵在於一二等不帶 [i-] 介音,而三四等帶 [i-] 介音。如果用現代語音學來解釋,我們可以說所謂"洪大"其實就是指發音時元音舌位比較後比較低,如 [ɑ]、[ə]、[o]、[u] 等;而所謂"細"就是指發音時元音舌位比較前比較高,如 [i]、[e]、[ɛ]、[a] 等。以下我們舉開、合兩組例子及其擬音進行說明:

	一等	二等	三等	四等
開口	高 kɑu（豪）	交 kau（肴）	嬌 kiɛu（宵）	澆 kieu（蕭）
合口	觀 kuɑn（桓）	關 kuan（刪）	勬 kiuɛn（仙）	涓 kiuen（先）

由此可以清楚地看出，一二等的"洪音"與三四等的"細音"之間的差別在於有無 [i-] 介音。而一二等之間以及三四等之間的差別則在於主元音的前後、高低了。

"四等"以外，再加上開口、合口的區別，可以說從原理上古代音韻學家將一個韻分析爲開合各四等的八個韻母。當然，並不是所有的韻都是開合、四等俱全的。

"攝"就是第四節提過的"韻攝"。"攝"是統攝的意思，即將主元音相近的韻都統攝在一個"韻攝"之内。等韻圖將《廣韻》分爲十六攝，即"通、江、止、遇、蟹、臻、山、效、果、假、宕、梗、曾、流、深、咸"。各攝内的韻數不一，多的如咸攝含三十二個韻，少的如假攝只有三個韻。

"轉"是輾轉的意思，即指聲母、韻母之間輾轉相拼而成各種字音。"轉"分"内轉"和"外轉"。等韻圖的每一張圖表都標明"内轉"或"外轉"，如上述《韻鏡》第一圖就是"内轉第一開"。等韻圖分別"内轉"、"外轉"的原則是按照"韻攝"來區分的，現在比較通行的說法是韻圖中凡有二等韻的攝就叫"外轉"，反之就叫"内轉"。

綜合自測練習

一、名詞解釋
    1. 反切   2. 三十六字母
    3. 五音   4. 清濁
    5. 韻類、韻部   6. 十六攝
    7. 四角標調法 8. 等呼
    9. 韻圖   10. 陰陽對轉

二、反切練習

拼寫出下列反切的現代普通話讀音，並查出下列反切上字屬於三十六字母的哪個字母及其清濁：

居許切　莫故切　巨員切　素姑切　徒管切　都管切　直呂切
昌緣切　度官切　魚變切　巨鳩切　乃故切　古勞切　蘇內切
倉回切　甫微切　武悲切　古限切　七靜切　餘封切　息弓切
府移切　古項切　作冬切　胡涓切　他魯切　耳由切　古玄切

三、填空題

1. 漢語音節結構的構成成分包括 _____、_____、_____、_____、_____。

2. 古代的注音方法除了反切法以外，還有 _____、_____、_____。

3. 反切的原理是以上下兩個漢字來拼合另一個漢字的讀音，兩個漢字中取上字的 _____，以及下字的 _____ 和 _____。

4. 五音是指 _____、_____、_____、_____、_____。

5. 三十六字母中的全清聲母包括 _____。

6. 三十六字母中的全濁聲母包括 _____。

7. "韻母"、"韻"、"韻部"、"韻類"各自內部所包含的要素都不相同，其中"韻母"包含了 _____、"韻"包含 _____、"韻部"包含 _____、"韻類"包含 _____。

8. 傳統音韻學根據韻尾的不同將韻母分為三類，分別為 _____、_____、_____。

9. 明代真空和尚《玉鑰匙歌訣》中對四聲調值的描寫說：平聲 _____、上聲 _____、去聲 _____、入聲 _____。

10. 清代江永對於"等"的解釋認為一等 _____、二等 _____、三等 _____、四等 _____。

四、問答題
1. 請比較宋人三十六字母與唐代守溫三十字母之間的異同。

2. 請根據現代語音學對輔音的發音方法及發音部位的分析,說明傳統音韻學分析聲母的"五音"、"清濁"的分類原則及其合理性。

3. 請簡述傳統音韻學對介音的分析如何從原來的"開合、四等"發展到後來的"四呼",並說明彼此之間的繼承關係。

4. 請說明韻母的"對轉"概念如何表現了語音歷史演變的規律性。

5. 請舉例說明"四角標調法"的運作原理。

6. 請比較《韻鏡》與《切韻指掌圖》在編排體例上的異同。

7. 傳統語音學中的"四聲"是哪四聲?它們於普通話的四聲是什麼不同?

8. 調值與調類是什麼關係?請說明傳統音韻學家與現代音韻學家對漢語聲調分析上的不同。

9. 請根據現代語音學知識,舉例簡述傳統音韻學中"四等"的概念。

10. 找出下列三首詩的韻腳及它們在《廣韻》中所屬的韻。另外,以四角標調法標出詩中各字的四聲,並注明其平仄:

宿天臺桐柏觀　孟浩然

　　海行信風帆,夕宿逗雲島。
　　緬尋滄洲趣,近愛赤城好。
　　捫蘿亦踐苔,輟棹恣探討。
　　息陰憩桐柏,采秀弄芝草。
　　鶴唳清露垂,雞鳴信潮早。
　　願言解纓紱,從此去煩惱。

高步淩四明,玄蹤得三老。
紛吾遠遊意,學彼長生道。
日夕望三山,雲濤空浩浩。

崔濮陽兄季重前山興　　王維

秋色有佳興,況君池上閑。
悠悠西林下,自識門前山。
千里橫黛色,數峰出雲間。
嵯峨對秦國,合遝藏荊關。
殘雨斜日照,夕嵐飛鳥還。
故人今尚爾,歎息此頹顏。

佳人　　杜甫

絕代有佳人,幽居在空谷。
自云良家子,零落依草木。
關中昔喪敗,兄弟遭殺戮。
官高何足論,不得收骨肉。
世情惡衰歇,萬事隨轉燭。
夫婿輕薄兒,新人已如玉。
合昏尚知時,鴛鴦不獨宿。
但見新人笑,那聞舊人哭。
在山泉水清,出山泉水濁。
侍婢賣珠回,牽蘿補茅屋。
摘花不插髮,采柏動盈掬。
天寒翠袖薄,日暮倚修竹。

第三章 《廣韻》音系

學習內容提要:

本章講授《廣韻》聲韻系統的考求方法及其結論,同時講解《廣韻》到現代普通話的音變規律。最後,説明《廣韻》聲韻系統的音值構擬的方法及其原則。第一節介紹《廣韻》的成書過程及其編排體例和版本情況,尤其要求熟悉《廣韻》的體例,因爲這將有助於進一步分析《廣韻》的音系。第二節討論《廣韻》的性質問題,這是研究《廣韻》音系的認識基礎。第三節開始進入具體分析《廣韻》的音系。第三、四節討論聲母系統,第五、六節分析韻母系統,第七節討論聲調。第八節是解釋《廣韻》聲韻系統的構擬工作及其方法。第九節講解古反切折合拼讀今音的幾條主要規律。

教學目的要求:

第一章第一節已提到過,音韻學的四個部門中,應以研究《廣韻》音系的"今音學"爲基礎。這是因爲《廣韻》是現存最早而又最完整的一部韻書,所以我們不論是研究此前或此後的語音系統,都是以《廣韻》音系爲樞紐,據此上窺先秦兩漢的音系、下推唐宋以後的音系。本章是音韻學課程的主體內容,即分析《廣韻》音系以及進行音值構擬,並著重介紹音韻學的一些主要研究方法及其原則。

首先,要瞭解《廣韻》的成書過程及其體例,尤其是編排體例,因爲在介紹考求《廣韻》聲韻系統的方法時,也將會牽涉到一些《廣韻》編排體例的問題。其次,《廣韻》的音系性質問題是一個爭議頗多的問題,但又是研究《廣韻》音系的一個不可避免的問題,所以應該瞭解各家意見及其論證方式。在正式進入《廣韻》聲韻系統的討論時,有必要對各家考求《廣韻》聲韻系統所運用的方法以及得出的結論作一些簡單的評述。尤其是陳澧的系聯法在考求聲類和韻類上的具體操作方法及其原則,這是重點要求嫻熟掌握的內容。本書所採用的《廣韻》三十五聲母、一四二韻母的語音系統也是要求熟悉的重點內容。在這一方面,可以借助第四節、第六節中有關《廣韻》到現代普通話的聲韻演變規律來幫助理解。其中多條演變規律都是必須熟記的。《廣韻》音系的構擬是研究《廣韻》音系的一項重要工作，所採用的方法都遵循歷史比較法的原則。所以必須對歷史比較的研究方法及其根本原則有一番透徹的瞭解，否則在將來的研究工作中容易走入誤區。最後，要掌握《廣韻》反切折合成今音的規律，其實就是掌握《廣韻》到現代普通話的音變規律。通過這方面的練習，不僅可以檢驗學習本章的效果，同時也可以鞏固記憶。

重要名詞概念：

《切韻》	《唐韻》	《廣韻》	《集韻》
二〇六韻	陳澧	系聯法	基本條例
分析條例	補充條例	又音、互見	統計法
審音法	五十一聲類	三十五聲母	濁音清化
輕唇音	舌面音	捲舌音	二九五韻類
一四二韻母	四聲一貫	等韻圖	重紐
古四聲	今四聲	平分陰陽	濁上變去
入派四聲	古音構擬	歷史比較法	高本漢
音系性質	古反切	對應規律	《中國音韻學研究》

教學建議：

- 本章是這一門課程的主體部分。第一章已經提過，研究《廣韻》音系的"今音學"是音韻學的基礎。因此全面掌握，並且熟悉《廣韻》音系是學好這門學科的關鍵。只有掌握了《廣韻》音系之後，才能進一步上窺上古音和下探近代音。這一章的內容比較多，而且有許多內容是要求記憶的，所以建議多做練習題以加強記憶。
- 第一、二節是概論性質地介紹《廣韻》的來源、版本及其性質。在初學階段也許這部分內容并非關鍵，但隨著研究程度的加深，這方面的知識就會越發顯得重要。所以，一般性講解即可，但要強調其研究意義。尤其是有關《廣韻》性質的討論，必須重點介紹各家觀點及論證。
- 第三節至第七節是《廣韻》音系的分析及其研究方法：第三、四節是《廣韻》的聲母系統，第五、六節是韻母系統，第七節是聲調系統。雖然書中的一些結論是需要記憶的，但這部分內容更應該強調的是研究方法的介紹。在講解《廣韻》音系時，必須著重介紹歷來學者研

《廣韻》的聲、韻、調系統時所使用的不同方法及所得出的結論。當然，還要對各家的方法、結論的得失進行評述。
- 第八節是關於古音構擬的原則的討論，第九節是關於反切原理及其折合今音的規律的一些介紹。這部分内容主要是一些方法論及原則性問題，講解時最好能夠結合實際例子，以達到更好的教學效果。尤其是第九節講解古反切折合今音時，要求學生多做練習，通過練習來掌握規律。

第一節 《廣韻》的由來和體例

學習目標：韻書産生的歷史條件
　　　　　從《切韻》到《廣韻》的發展演變
　　　　　《廣韻》的體例
　　　　　《廣韻》的版本

重要知識點總結：
- 中國第一部韻書是三國魏李登的《聲類》，第二部是晋代吕静的《韻集》。
- 魏晋時期開始産生韻書，南北朝時期韻書數量增多。這是有其歷史條件的：一是佛教、佛經傳入中國，創造反切注音法；二是文學的發展。
- 《切韻》的作者是陸法言，成書於隋文帝仁壽元年（公元 601 年）。
- 到唐代《切韻》已經淘汰了其他韻書，並經過一番增補修訂，改名《唐韻》。同時也成爲唐代科舉考試用的標準韻書。
- 北宋的大中祥符元年（公元 1008 年），陳彭年等人奉命增訂《唐韻》，成書後定名爲《大宋重修廣韻》，簡稱《廣韻》。
- 《切韻》和《廣韻》雖然有收字多寡、韻目名稱及分韻數目等的不同，但其整體音系是一致的，所以説二者是一脉相承的韻書。
- 《廣韻》成書後二十九年，丁度等又奉命增修《廣韻》，編成《集韻》。《集韻》和《廣韻》的音系就有較大差别，其反切在很大程度上是反映了宋代的語音特點。
- 《廣韻》是按照"卷"、"韻"、"小韻"這三層結構來編輯的：首先根據聲調來分"卷"；其次各"卷"中再按韻腹、韻尾分爲若干"韻"；再次各"韻"中又按聲母、介音等分爲若干"小韻"。

- 《廣韻》音系有很強的系統性，二〇六韻基本都是四聲相配，如"東董送屋"。其中"東董送"是"舒聲平上去三韻"，"屋"則是與之相配的入聲韻。
- 《廣韻》的韻部總數是九十六個，其中六十一個舒聲韻、三十五個入聲韻。
- 《廣韻》的版本有詳略兩種，今人的校本有周祖謨《廣韻校本》和余迺永《新校互註宋本廣韻》。

重點和難點學習提示：

中國最早的一部韻書是三國魏李登的《聲類》，第二部是晉代呂靜的《韻集》，到南北朝時期韻書產生得更多了，僅《隋書·經籍志》收錄的就有幾十種，如周研的《聲韻》、陽休之《韻略》、沈約《四聲（譜）》等。另外見於別書記載的也至少有十多種。顏之推《顏氏家訓》說這時期是"音韻蜂出"，我們今天分析其原因，主要有兩方面的條件：一是佛教、佛經傳入中國，促進了語言的研究；二是文學發展促進了漢語音韻學的發展。

首先，佛教傳入中國客觀上帶來了翻譯佛經與學習梵文的需要，由於梵文是拼音文字，再加上受到了古印度分析語音的聲明學，尤其梵文字母悉曇的啓發，於是產生了"反切"這種注音方法。反切是編寫韻書的一個很重要的條件，只有產生了反切及其較普遍的使用之後才使得編寫韻書成爲可能。因爲反切的方法就是將一個漢字音節分析爲聲母、韻母兩個部分，然後再分別取同聲及同韻的字進行拼切注音的，而編寫韻書就是按照同聲、同韻等來進行分類編排所有的字。

第二，漢語詩歌發展到南北朝開始走向格律化，講究平仄與押韻的合理安排。沈約等人發現了語言中的四聲，並提出了"四聲八病說"，要求在一個詩句中每個字的平仄聲韻都有合理的安排，"八病"就是要注意避免的八種不合理的情況，分別是：平頭、上尾、蜂腰、鶴膝、大韻、小韻、旁紐、正紐。研究表明當時雖然仍未正式形成格律詩，但沈約、謝朓等的詩作已基本符合後來格律詩的平仄要求了。另外，《梁書·沈約傳》記載周捨在回答武帝的提問"何謂四聲"時說"天子聖哲"，又《晉書·孝武帝紀》提到晉孝武帝好爲"反語"，顧炎武《音學五書·音論》記述了南北朝的反語，這些類似文字游戲的語言行爲都是在對漢字音節聲韻調進行了分析之後才能實現的，同時也進一步促使韻書的大量涌現。

這時期出現的韻書絕大部分並未流傳下來，而流傳最廣影響也最大的當屬隋代陸法言的《切韻》。尤其到唐代以後,它作爲科舉考試的標準韻書,起到了更大的作用,同時也經過了多次的修訂與增補。其中最重要的有兩次,一是唐玄宗天寶年間孫愐等人奉命增補,更名爲《唐韻》;二是北宋真宗景德四年至大中祥符元年間陳彭年等人奉命修訂,更名爲《大宋重修廣韻》,簡稱《廣韻》。宋代以後,《切韻》和《唐韻》相繼埋沒,而《廣韻》則始終流傳至今,而且產生了很大的影響。《廣韻》的"廣"其實就是擴大、擴充的意思,表示是對於《切韻》的增補。

《切韻》的作者署名是陸法言,但其實它的成書是由隋代的八位著名學者相聚討論當時各家韻書得失、擬訂一部新韻書的綱目及可能遇到的問題,而經年僅二十多歲的陸法言記錄下來,并在其四十餘歲時終於編纂成書的。所以這八位學者本身的方言、學問識見等都對《切韻》的音系與體例有著深刻的影響。這八人是:蕭該、顏之推、劉臻、魏彦淵、盧思道、薛道衡、辛德源、李若。其中蕭、顏二氏所起的作用最大。與《切韻》相比,《廣韻》在體例上基本沒有改變,主要變化是:字數增加了,注釋也擴充了,名稱有些變更,而重要的是分韻有點出入,這就是韻數由《切韻》的一百九十三韻增加到《廣韻》的二百零六韻。但是,關鍵是《廣韻》的反切注音即"小韻"幾乎完全沿用了《切韻》的系統,雖然有小部分用字的變換,但絕不影響其整體音系,所以我們說《廣韻》的語音系統和《切韻》是基本一致的。那麼,我們研究分析《廣韻》的音系,其實也就是在研究分析《切韻》的音系。

北宋仁宗景佑四年,即公元1037年,在《廣韻》問世的二十九年後又下令丁奉等人編纂另一部《集韻》。這一次對於《廣韻》的韻目雖然沒什麼變動,但對其反切用字做了較多的更動,已經是在一定程度上反映了宋代當時的語音特點了。所以說,《集韻》的語音系統與《切韻》、《廣韻》已經是不完全一致的了。

《廣韻》的體例是分層級的,即按照聲、韻、調等因素一級一級地分析到具體的不同音節上。首先,第一級是以四聲分卷,一共分爲五卷——上、去、入三聲各一卷;平聲字數多,分爲上平、下平兩卷。其次,第二級是各卷之中再根據韻腹、韻尾來細分爲若干韻,其中上平聲二十八韻、下平聲二十九韻、上聲五十五韻、去聲六十韻、入聲三十四韻;加起來一共就是二百零六韻。再次,第三級是各韻之內又按不同的聲母與韻頭即介音分析爲不同的音節,叫做"小韻"。每個小韻內的所有字都是聲、韻、調都完全相同的同音字。而書中的具體編排上,每個小韻之間都有一個小圓圈彼此隔開。各小韻內的體例安排是這樣的:第一個字是該小韻的代表字,其下就是雙行小字,首先進行釋義,然後注出反切,最後一個數字則是表示該小韻的收字字數。如"東"小韻,其下雙行小字:"春方也,《說文》曰:'動也,從日在木中。'……姓苑有東萊氏。德紅切。十七。"

《廣韻》音系有很強的系統性,二〇六韻基本都是四聲相配的,如平聲第一韻"東韻"及其相配的四聲便是"東董送屋":"董韻"就是與東韻相配的上聲、"送韻"是其去聲、"屋韻"則是入聲。但是由於并非所有聲調都是四聲俱全的,因此各聲調的韻目數量就不一樣,看起來不是很整齊,所以就需要我們進行分析。上、下平聲兩卷加起來五十七韻。上聲其實也是五十七韻,只是"二冬"和"十九臻"的上聲都因字數少而分別併入到"三鍾"的上聲腫韻和"二十文"的上聲吻韻,所以就剩了五十五韻。去聲六十韻,其中祭、泰、夬、廢四韻都没有對應的平、上、入三聲,另外"十九臻"的去聲因為僅一個字而併入"二十一欣"的去聲焮韻,所以去聲實際有六十一個舒聲韻。也就是說《廣韻》的舒聲韻部,即除掉入聲不計,一共是六十一個。《廣韻》中的入聲韻是與陽聲韻對應的,而六十一韻部中共有三十五個陽聲韻部,《廣韻》只列出三十四個入聲韻,其中"二十四痕"的入聲也因為僅一個字而併入"二十三魂"的没韻,所以實際是三十五韻。如此總結起來,我們說《廣韻》的韻部總數是九十六個,其中六十一個舒聲韻、三十五個入聲韻。

《廣韻》的版本有詳略兩種。詳本主要有:張氏澤存堂本、古逸叢書本、宋刊巾箱本;略本有:元泰定本、明内府本。另外還有一種《曹棟亭五種》本,是詳略混合的版本。今人利用各種版本及敦煌發現的一些《切韻》、《唐韻》殘卷進行校勘的成果主要有周祖謨《廣韻校本》和余迺永《新校互註宋本廣韻》。

以下按四聲相配列出《廣韻》的二〇六韻:

		平聲	上聲	去聲	入聲
1.	上平聲	一東	一董	一送	一屋
2.		二冬	①	二宋	二沃
3.		三鍾	二腫	三用	三燭
4.		四江	三講	四絳	四覺
5.		五支	四紙	五寘	
6.		六脂	五旨	六至	
7.		七之	六止	七志	
8.		八微	七尾	八未	

9.		九魚	八語	九御
10.		十虞	九麌	十遇
11.		十一模	十姥	十一暮
12.		十二齊	十一薺	十二霽
13.				十三祭
14.				十四泰
15.		十三佳	十二蟹	十五卦
16.		十四皆	十三駭	十六怪
17.				十七夬
18.		十五灰	十四賄	十八隊
19.		十六咍	十五海	十九代
20.				二十廢
21.		十七眞	十六軫	二十一震	五質
22.		十八諄	十七準	二十二稕	六術
23.		十九臻	②	③	七櫛
24.		二十文	十八吻	二十三問	八物
25.		二十一欣	十九隱	二十四焮	九迄
26.		二十二元	二十阮	二十五願	十月
27.		二十三魂	二十一混	二十六慁	十一沒
28.		二十四痕	二十二很	二十七恨	④
29.		二十五寒	二十三旱	二十八翰	十二曷
30.		二十六桓	二十四緩	二十九換	十三末
31.		二十七刪	二十五潸	三十諫	十四黠
32.		二十八山	二十六產	三十一襇	十五鎋
33.	下平聲	一先	二十七銑	三十二霰	十六屑
34.		二仙	二十八獼	三十三線	十七薛
35.		三蕭	二十九篠	三十四嘯	
36.		四宵	三十小	三十五笑	
37.		五肴	三十一巧	三十六效	
38.		六豪	三十二晧	三十七号	
39.		七歌	三十三哿	三十八箇	
40.		八戈	三十四果	三十九過	
41.		九麻	三十五馬	四十禡	

42.	十陽	三十六養	四十一漾	十八藥
43.	十一唐	三十七蕩	四十二宕	十九鐸
44.	十二庚	三十八梗	四十三敬	二十陌
45.	十三耕	三十九耿	四十四諍	二十一麥
46.	十四清	四十靜	四十五勁	二十二昔
47.	十五青	四十一迥	四十六徑	二十三錫
48.	十六蒸	四十二拯	四十七證	二十四職
49.	十七登	四十三等	四十八嶝	二十五德
50.	十八尤	四十四有	四十九宥	
51.	十九侯	四十五厚	五十候	
52.	二十幽	四十六黝	五十一幼	
53.	二十一侵	四十七寑	五十二沁	二十六緝
54.	二十二覃	四十八感	五十三勘	二十七合
55.	二十三談	四十九敢	五十四闞	二十八盍
56.	二十四鹽	五十琰	五十五豔	二十九葉
57.	二十五添	五十一忝	五十六㮇	三十帖
58.	二十六咸	五十二豏	五十七陷	三十一洽
59.	二十七銜	五十三檻	五十八鑑	三十二狎
60.	二十八嚴	五十四儼	五十九釅	三十三業
61.	二十九凡	五十五范	六十梵	三十四乏

注:① "二冬"上聲只有"湩、鳩"二字,因字少而附於"腫韻"。

② "十九臻"上聲只有"𧤛、齔"二字,因字少而附於"隱韻"。

③ "十九臻"去聲只有"齔"字,因字少而附於"焮韻"。

④ "二十四痕"入聲只有"麧"字,因字少而附於"没韻"。

第二節 《廣韻》的性質

學習目標:關於《切韻》性質的爭論

精讀《切韻序》

通過《切韻序》討論《廣韻》的性質問題

重要知識點總結:

- 《切韻》系韻書是中古漢語音系的代表。

- 《切韻》的性質有"一時一地説"和"非一時一地説",同時兩説本身又各有不同主張。主張"一時一地"的有認爲是吳音的,有認爲是洛陽音的,也有認爲是長安音的;主張"非一時一地"的有認爲包含古今音的,也有認爲同時包含了古今音和方音的。
- 通過對《切韻序》的分析,得出的結論是:《切韻》就是以當時洛陽語音做基礎,同時又吸收了南北方音的一些特點。

重點和難點學習提示:

　　學者都以《切韻》系韻書作爲中古漢語語音系統的代表。但是這個音系的基礎是什麽,以及它代表的是什麽時代、什麽地方的音系,學者們的意見就不統一了。主要的意見有兩種:一、主張《切韻》音系是"一時一地"的,即所謂"單一性";二、主張《切韻》音系是"非一時一地"的,即所謂"綜合性",就是指其音系是一個包含了古今音和南北方音的複雜音系。

　　然而這兩種主張的内部,意見也是不一致的。首先,主張"一時一地"的如唐代李涪就認爲《切韻》是吳音,而現代學者中陳寅恪則認爲是隋唐時代的洛陽音,西方學者馬伯樂和高本漢則認爲是唐代的長安音。其次,主張"非一時一地"的有認爲其中包含古今音的,有認爲其中既有古今音又有南北方音的,也有認爲基本是當時語音而又吸收一些古今音和南北方音的。比如目前所見文獻中最早提出"非一時一地"主張的唐末人蘇鶚在其著作《演義》中就明確反駁李涪的觀點,認爲《切韻》絕非"吳越之音",并説《切韻》"不獨取方言鄉音而已"。另外,主張《切韻》音系包含古今音的一個代表人物就是清代的戴震,他在《聲類考》(上)中説過:"隋唐二百六韻,據當時之音,撰爲定本,而亦所以兼存古音。"到清末民初的學者章炳麟則更清楚地主張《切韻》是既有古今音又有南北方音的綜合音系,他在《國故論衡》(上)中這樣説:"《廣韻》所包,兼有古今方國之音,非並時同地得有聲勢二百六種也。"

　　從蘇鶚以來的這些反對"一時一地"説的古音韻學家們,雖然沒有像今天的學者一樣對《切韻》的每一個反切進行整理、比較的研究與分析,但是他們所提到的反駁論點都是很重要的,比如説共同商討并擬定《切韻》音系框架的八個學者(劉臻、顏之推、蕭該、魏彦淵、盧思道、李若、辛德源、薛道衡)並非都操吳音,《切韻》應該是以當時的語音爲基礎而兼容了一些古音和方音的因素,《切韻》二〇六韻的數量不像一個實際語言所應有的,等等。這些觀點在現代音韻學家中得到了進一步發揮,尤其在20世紀五六十年代的那一場關於《切韻》音系性質的大討論中更是起到了一定影響作用。

20世紀五十年代末、六十年代初,在《中國語文》上曾對"《切韻》性質問題"展開過一番熱烈的討論,許多學者都撰文發表自己的意見,對於認識這一問題的重要性以及最終解決問題都起到了深遠的影響。其中王顯、黃淬伯、李榮、邵榮芬、何九盈等人的論文都具有代表性,而周祖謨的觀點則影響更爲深遠。另外,美國學者張琨七十年代發表的《〈切韻〉的綜合性質》也是一篇討論《切韻》性質問題的很重要的論文。張琨特別强調了語音的歷時發展規律問題,提出以《切韻》的九十五個韻部(包括入聲韻部),如果與《詩經》音系和現代普通話或者任何方言韻部進行按照時間順序的排列比較,就會呈現一個兩頭小、中間大的狀態——即《切韻》所代表的中古音的韻部數量遠遠大於其前其後各時代的音系的韻部數量。所以,他認爲《切韻》音系不應該是"一時一地"實際存在的某方言的音系。

其實,有些學者認爲《廣韻》太複雜了,其韻母數量大大超過了任何現代漢語方言,有點奇怪,然而事實并不盡如此。以下討論《廣韻》韻類及韻母時我們將看到,《廣韻》共有一四二個韻母,比普通話的三十七個多了近四倍,比起韻母複雜的南方方言也多出許多(其中尤其複雜的如廣州話五十三個韻母、潮州話六十六個、梅州客家話七十六個),但是如果我們加入聲調區別,即比較它們的韻類,則《廣韻》韻類有二百九十三個,而廣州話五十三個韻母,其中三十六個舒聲韻、十七個入聲韻,聲調則有九個,其中舒聲調六個(平、上、去各分陰陽)、入聲調三個(上陰入、下陰入、陽入),這麼一來,廣州話的韻類也有二百多個。另外,潮州話六十六個韻母,八個聲調,加起來韻類可能還超過三百個。所以,不能單純以《廣韻》的韻部或韻母數量遠遠大於目前所見的任何漢語方言,就認爲它一定是一個雜糅的音系。

陸法言的《切韻序》對於討論分析《切韻》的性質問題很重要,所以一定要仔細研讀這篇序文。這篇序文不長,所提供的資訊包括以下幾方面:一、叙述了《切韻》的成書過程;二、指出了當時各地方言的差異;三、評論了各家韻書的得失;四、確定了正音的標準和原則,即"論南北是非、古今通塞"。此外,顏之推是當時討論編訂《切韻》標準和原則的八位學者之一,而且是起了較大作用的二人("蕭顏多所決定")中一人,所以可以結合《顏氏家訓》中的有關內容來進一步推論《切韻》的語音性質。《顏氏家訓》中説:"搉而量之,獨金陵與洛下耳。"可見他是以王都的語音作爲正音的標準的,這也就是當時南北都可通用的民族共同語。所以,可以推論《切韻》的性質是以當時洛陽音作爲基礎音,同時又吸收了南北方音的一些特點的。這與民國初製定老國音時也吸收了一些南方音特點的情形是一樣的。

　　現在的多數學者也都同意《切韻》音系是有一個基礎音系而同時兼容了古音和方音的特點。有些學者甚至主張《切韻》音系是比較了古今方音後,以最小分倍數、從分不從合的原則擬定的。其實也不盡然。但是可以肯定的是,在擬定《切韻》音系時的確是參考了古今方音的。也正是因此,我們今天研究上古音才能利用《切韻》音系來進行推導。最顯著的例子就是《切韻》的支、脂、之三個韻的分立。這三個韻的分立,當時人很早就不明所以,而且早在唐初製定功令時就將它們"同用"了。但後來的研究證明這樣的分韻是有根據的,清代段玉裁正是從這裏得到啟發,將《詩經》押韻中的支、脂、之三個韻分開來,建立了上古韻部的脂部、支部、之部三個韻部。這也是他在上古音研究中的最大貢獻之一。

　　同時,也正是由於《切韻》音系是在當時民族共同語的基礎上同時吸收了南北方音的特點,所以它和現代各地方言都有對應關係。因此中國社會科學院語言研究所編的《方言調查字表》就是用《廣韻》音系來製定的。

綜合自測練習

一、名詞解釋
　　1.《切韻》　　2.《唐韻》　　3.《廣韻》　　4.《集韻》

二、反切練習
　　查出下列反切中的切上字屬於三十六字母的哪個字母及其清濁,和切下字所屬《廣韻》中的韻目及其聲調,最後再拼寫出下列反切的現代普通話讀音:

古歷切	七也切	烏紅切	康董切	步崩切	居偉切
馮貢切	於既切	蘇則切	作滕切	語京切	云久切
式軌切	相絕切	子夜切	以周切	直祐切	方典切
北朗切	於驚切	之用切	去爲切	於略切	得何切
知亮切	以戎切	伊謬切	創舉切		

三、問答題
　　1. 請簡述《切韻》、《唐韻》與《廣韻》之間的關係和彼此的異同。

2. 請簡述《廣韻》的編排體例，並從《廣韻》裏查出下列詩中各字的反切及其同小韻字數：

臨洞庭上張丞相　孟浩然
八月湖水平，涵虛混太清。
氣蒸雲夢澤，波撼岳陽城。
欲濟無舟楫，端居恥聖明。
坐觀垂釣者，徒有羨魚情。

贈汪倫　李白
李白乘舟將欲行，忽聞岸上踏歌聲。
桃花潭水深千尺，不及汪倫送我情。

3. 請說明《廣韻》二〇六韻四聲相配的情況。我們據此可以將《廣韻》分析爲多少個韻部？

4. 請簡述關於《切韻》音系性質的幾種不同觀點，並談談自己的看法。

5. 請將陸法言的《切韻序》翻譯成現代漢語。

第三節　《廣韻》的聲母系統

學習目標：考求《廣韻》聲母的方法
　　　　　　掌握並能運用陳澧系聯法的三項條例
　　　　　　其他考求《廣韻》聲母的方法及其結論
　　　　　　《廣韻》的聲類和聲母
　　　　　　《廣韻》的三十五個聲母及其特點

重要知識點總結：

- 考求《廣韻》聲母系統和韻母系統，只能從研究《廣韻》中的反切入手。

- 分析《廣韻》的反切所得出的是反切上下字的分類，稱做"聲類"與"韻類"，還不是聲母和韻母。
- 陳澧是第一個明確提出根據《廣韻》的反切來考證《廣韻》聲韻系統的人。
- 陳澧使用的方法稱做"系聯法"，其中包含三項條例：基本條例、分析條例和補充條例。
- 在研究聲類上，這三項條例的具體內容是：一、基本條例，是指被切字與切上字屬於同一聲類，其中又包含同用例、互用例、遞用例；二、分析條例，是指兩個反切之間如果切下字屬於同一韻類，則切上字必不同類；三、補充條例，則是利用"又音"、"互見"等材料將應屬同聲類却未能系聯的切上字系聯起來。
- 陳澧的系聯法得出《廣韻》有四十個聲類。後來，黃侃、錢玄同和高本漢也利用系聯法，但由於對補充條例的處理手法不同，分別得出四十一聲類與四十七聲類的結論。而白滌洲使用統計法，結果也得出四十七聲類。另外，曾運乾、陸志韋、周祖謨等先生參用系聯法和統計法，同時運用了審音法，都得出了《廣韻》有五十一個聲類的結論。
- 五十一個聲類中有許多是互補的，通過分析，我們得出《廣韻》的實際聲母是三十五個。
- 這三十五個聲母，與宋人三十六字母相對照，就是：唇音"幫、滂、並、明"；舌音"端、透、定、泥、來"、"知、徹、澄"；齒音"精、清、從、心、邪"、"莊、初、崇、生"、"章、昌、船、書、禪、日"；牙音"見、溪、群、疑"；喉音"曉、匣、影、喻"。

重點和難點學習提示：

　　《廣韻》的編排體例所隱含的對漢字音節的分析，是按照聲調與韻來分級進行的。再往下分析則直接就是小韻，即一個一個的完整音節。所以從現代語音學來看，就缺少了介音與聲母的分層分析。因此如果要考求《廣韻》的聲母和韻母，我們就無法直接從這部韻書的編排體例中得出。然而，由於反切是直接給每個音節注音的，所以我們可以通過分析反切來得到《廣韻》的聲韻系統。甚至可以說，我們要研究《廣韻》的聲韻系統，就只能從分析《廣韻》的反切入手。

　　分析反切所得出的結論，是反切上下字的分類，反切上字的類就稱做

"聲類",而切下字的類就稱做"韻類"。聲類也是與"等"有關的。由於製定反切時往往講究上字與下字在拼讀時儘量和諧——這種和諧關鍵是體現在上下字的介音要相同——所以同一個聲母,根據切下字的"等"不同,也講究使用含有同"等"韻母的字作爲切上字。比如三等帶 [-i-] 介音,因此同是 [k-] 聲母,三等就用"居類"切上字、非三等則用"古類"切上字。而實際上通過分析可以知道,"居類"和"古類"是彼此互補的,所以合併爲一個聲母。至於韻類與韻母的關係,則留到下文第五節再分析。

19世紀的音韻學家陳澧(1810—1882)是第一個明確宣稱根據《廣韻》的反切來考證聲韻系統的人。他的著作《切韻考》(1842),實際是"《廣韻》考",因爲他並未見到《切韻》的殘卷。但由於《切韻》與《廣韻》的語音系統基本是一致的,其反切也無根本性更動,所以他書名"《切韻》考"也不算錯。後來20世紀四十年代,李榮先生利用故宮博物院所藏唐寫本王仁煦《刊謬補缺切韻》中的反切,考求聲母系統和韻母系統,完成了一部更接近實際的"《切韻》考",其書名《切韻音系》。

陳澧使用的方法稱做"系聯法"。陳澧創製這套方法,不止對《廣韻》的研究,甚至在整個音韻學研究上都是一個很重要的貢獻。所以有必要詳細介紹。

系聯法可以歸納爲三項條例:基本條例、分析條例和補充條例。在具體操作時,三項中的基本條例和分析條例在研究聲母系統和韻母系統原則上一致的;而補充條例就有所不同。以下說明三項條例在系聯反切上字以得出《廣韻》的聲類時的具體操作:

第一、基本條例。陳澧《切韻考》中說:"切語上字與所切之字爲雙聲,則切語上字同用者,互用者,遞用者,聲必同類也。"這是系聯法中發揮最大作用的一項條例,是指被切字與切上字屬於同一聲類,其中又包含同用例、互用例、遞用例。

同用例,如"冬,都宗切"、"當,都郎切",那麼"冬"和"當"都使用同樣的反切上字,所以它們是屬於同聲類的。

互用例,如"當,都郎切"、"都,當孤切",其中"都"和"當"互爲反切上字,所以它們屬於同聲類。

遞用例,如"冬,都宗切"、"都,當孤切",其中"冬"以"都"爲反切上字、"都"又以"當"爲反切上字,所以"冬"、"都"、"當"就都屬於同聲類。

第二、分析條例。陳澧《切韻考》中說:"其兩切語下字同類者,則上字必不同類。"

這是指兩個反切之間如果切下字屬於同一韻類,則切上字必不同類。這是因爲《廣韻》的每一個小韻所注的反切都表示一個不同的音節。反切注音是以上下二字拼切被注字的音節,而切下字同類即表示韻母相同,那麼既然是不同音節則表示聲母的切上字必然就不同類。所以說兩個不同音節的反切,既然切下字是同類的,切上字就必然不同類。舉例如"彤,徒冬切"、"冬,都宗切",根據遞用例"彤"、"冬"、"宗"屬於同一類切下字,即同韻類,那麼作爲切上字的"徒"和"都"就必然是不同聲類的。

第三、補充條例。陳澧《切韻考》中說:"切語上字既系聯爲同類,然有實同類而不能系聯者,以其切語上字兩兩互用故也。"這是指利用"又音"、"互見"等材料將應屬同聲類卻未能系聯的切上字系聯起來。

所謂"又音",是指《廣韻》中有些字有兩個或兩個以上的讀音,而在該字下的雙行小注後就會標出"又音某"、"又音某某切"、"又某某切"等來表示其另一讀音。比如"凍"有平聲和去聲二讀。平聲在東韻,反切爲"德紅切",其下小字注"又都貢切",表示又讀去聲;其去聲讀音在送韻,反切是"多貢切",另外還注"又音東"。由此可知"都貢切"就是"多貢切",二者都同指"凍"的去聲讀音,所以切上字"都"和"多"就屬於同聲類。

這三項體例中,基本條例和分析條例是可以確定沒有爭議的。問題是補充條例,由於陳澧在操作這項條例時的標準尺度不一致,即有時運用、有時不用。比如脣音中的重脣音"幫、滂、並、明"和輕脣音"非、敷、奉、微",各都可以用補充條例來進行合併,但陳澧卻只合併了"明"與"微"。我們舉例說明,"夢"字有平聲、去聲二讀,平聲在東韻,反切是"莫中切",小字注"又武仲切";去聲在送韻,反切是"莫鳳切"。顯然"武仲切"就是"莫鳳切",所以陳澧將"武"、"莫"二聲類合併爲一了,而"武"屬微母、"莫"屬明母。但這種情況"幫"、"非"之間也有,如"苃"字有二讀,一在廢韻,反切是"符廢切",小字注"又方大切";另一讀音在泰韻,反切是"博蓋切"。"方大切"就是"博蓋切"。據此可以合併"方"、"博"二聲類,但陳澧卻沒有合併,而"方"屬非母、"博"屬幫母。這樣的情況在舌音中也有,而陳澧也同樣都沒有將舌頭音"端、透、定、泥"與舌上音"知、徹、澄、娘"予以合併。

後人認爲陳澧之所以合併了微母與明母,是受了他本身方言的影響,因爲陳澧是廣東番禺(今屬廣州市)人,他的方言是粵方言,恰好是微、明二聲母不分的。而"幫"與"非"等聲母卻是發音不同的。這是有道理的。但是這裏還牽涉一個《廣韻》反切的"類隔"與"音和"的問題。

所謂"類隔"與"音和"是指由於語音的歷史演變,舊的反切與當代讀音已經不同了。"類隔"是說切上字與被切字的聲類相隔,即聲母不同類;"音和"則是指切上字與被切字的聲母同類。這樣的問題在宋代修訂《廣韻》時就已經發現了。從《切韻》到《廣韻》,中間經歷了四百年,由於語音的變化,原來《切韻》中的舊反切有的已經切不出當代的讀音了。但是《廣韻》的修訂者又不願意更動原有的反切,所以在每卷末附上"新添類隔今更音和切"。比如上平支韻"卑,府移切",但在卷末增補了一個"卑,必移切",即把正文的"府移切卑"(類隔)改成"必移切卑"(音和)。這樣的材料可以給我們提供很多關於漢語語音史方面的信息。比如從這裏我們就能看出,重唇音與輕唇音在《切韻》時代是不分的,而到了修訂《廣韻》的宋代則已經分開,屬於兩類聲母了。

　　陳澧根據他的系聯法,將《廣韻》的四百五十二個反切上字系聯成四十個聲類,它們是清聲二十一類:多、張、之、抽、蘇、居、康、方、敷、昌、於、倉、他、將、呼、邊、滂、山、書、初、莊;濁聲十九類:徒、除、鋤、如、余、于、文、渠、房、盧、胡、才、蒲、魚、奴、時、尼、徐、神。用三十六字母表示,即爲:重唇音"幫(邊)、滂(滂)、並(蒲)、明(文)",輕唇音"非(方)、敷(敷)、奉(房)";舌頭音"端(多)、透(他)、定(徒)、泥(奴)",舌上音"知(張)、徹(抽)、澄(除)、娘(尼)";齒頭音"精(將)、清(倉)、從(才)、心(蘇)、邪(徐)",正齒音"照乙(莊)、穿乙(初)、牀乙(鋤)、審乙(山)"、"照甲(之)、穿甲(昌)、牀甲(神)、審甲(書)、禪(時)";牙音"見(居)、溪(康)、群(渠)、疑(魚)";喉音"曉(呼)、匣(胡)、影(於)、喻(于、余)";半舌"來(盧)";半齒"日(如)"。其中,將正齒音分爲"莊"、"之"二類和將喻母分爲"于"、"余"二類是陳澧的重大貢獻。

　　後來,黃侃和錢玄同都將"明"、"微"兩類分開,得出《廣韻》四十一個聲類。錢玄同《文字學音篇》中將這四十一聲類進行如下分類:

深喉音	影喻于
淺喉音	見溪群曉匣疑
舌　音	端透定來泥知徹澄娘照穿神審禪日
齒　音	精清從心邪莊初牀山
唇　音	幫滂並明非敷奉微

　　再後來高本漢在其《中國音韻學研究》中又將"見、溪、疑、影、曉、來"六母也各分兩類,得出四十七個聲類。同時,白滌洲使用統計法也同樣得出四十七聲類的結論。值得注意的是白滌州所用的統計法,他是將反切上字與反切下字分別進行統計。比如以"見母"爲例,《廣韻》中表示"見母"的切

上字一共有十八個,即"古公兼各格姑佳乖規吉居舉九俱紀几詭過"。首先,他將以這些字爲切上字的被切字,參考了等韻圖所注明的"等"、"呼"進行列表統計,然後經過分析發現這十八字的所切字在等呼上有一個明顯分爲兩類的趨勢,即"古公兼各格姑佳乖規吉"一類只拼切一、二、四等的字,而不拼切三等的字,另外一方面"居舉九俱紀几詭過"一類則主要拼切三等的字。於是他就將表示"見母"的切上字分爲兩個聲類。而陳澧在其《切韻考》中則將"見母"的切上字都合爲一個聲類。

此外,曾運乾、陸志韋、周祖謨等先生運用審音法,同時參用了系聯法和統計法,進一步將"精、清、從、心"又分爲兩類,都得出了《廣韻》有五十一個聲類。下面是《廣韻》五十一聲類表:

	唇音	舌音	舌頭	齒頭	正齒	牙音	喉音	半舌	半齒
全清	博 必	都	陟	作 子	莊 章	古 居	烏 於		
次清	普 披	他	丑	倉 七	初 昌	苦 丘			
全濁	蒲 皮	徒	直	昨 疾	崇 神	渠			
次濁	莫 彌	奴	女			五 魚			
清				蘇 息	生 書		呼 許		
濁				徐	市		胡		
次濁							于 以	盧 力	而

但是"聲類"並不等同於"聲母"。聲類是含了"等"的聲母,如牙音的"古"、"居"二聲類,"古"類是一、二、四等,而"居"類是三等。由於它們彼此互補,所以牙音"古、苦、五"和"居、丘、魚"雖然系聯結果是兩類反切上字,但分析後却可合併爲一套聲母。另外,唇音、齒頭音、喉音、半舌音也都一樣。但其中喉音次濁"于"、"以"兩類,"于"類是三等,與同屬喉音的濁音"胡"類一、二、四等互補,所以合併爲一個聲母,即"匣母";而"以"類則單成一個聲母,即"喻母"。至於正齒音,由於"莊"是二、三等、"章"是三等,彼此在三等上形成了對立,所以分爲兩個聲母。最後,舌音與三十六字母同,仍分爲兩類,只是"奴"、"女"兩類合併爲一個聲母,即"泥母"和"娘母"合而爲一了。

所謂"聲類包含'等'"其實是與"介音和諧"的問題相關的。在製定反切的時候,古人自然會力求反切上字與反切下字在拼切讀音上儘量和諧,而這裡說的"和諧"就是指介音和諧。比如說"見母"的兩個聲類,"古"類只在一、二、四等出現,"居"類則多出現於三等。這是因爲三等有一個[i]介音,所以在製定反切時如果上下字都是三等字的話,那在拼讀上就會覺得比較"和諧"。相反的,一、二、四等則不帶[i]介音(後來北方話四等字都有[i]介音,但《切韻》时代應該是没有的),所以不用作三等字的反切上字。因此雖然系聯法的各項條例都無法將"古"、"居"兩個聲類系聯起來,但是利用統計法等分析手段,我們將二者合爲一個聲母,這樣的結論是可信的。

通過以上的分析,運用系聯法、統計法等方法,最終得出《廣韻》的五十一個聲類,然後再通過分析而合併爲三十五個聲母。以下按照與宋人三十六字母的對應情況,列出《廣韻》的三十五聲母及其擬音:

唇音:幫(非)[p-]、滂(敷)[pʰ-]、並(奉)[b-]、明(微)[m-]
舌音(舌頭音):端[t-]、透[tʰ-]、定[d-]、泥(娘)[n-]、來[l-]
　　(舌上音):知[ȶ-]、徹[ȶʰ-]、澄[ȡ-]
齒音(齒頭音):精[ts-]、清[tsʰ-]、從[dz-]、心[s-]、邪[z-]
　　(正齒音):莊[tʃ-]、初[tʃʰ-]、崇[dʒ-]、生[ʃ-]
　　　　　　 章[tɕ-]、昌[tɕʰ-]、船[dʑ-]、書[ɕ-]、禪[ʑ-]、日[nʑ-]
牙音:見[k-]、溪[kʰ-]、群[g-]、疑[ŋ-]
喉音:曉[x-]、匣(于)[ɣ-]、影[ø-]、喻[j-]

這個《廣韻》三十五聲母系統,與宋人三十六字母和《廣韻》五十一聲類比較,有以下幾方面的特點:

一、三十五聲母的唇音只有一類,而三十六字母和五十一聲類中的唇音都分爲兩類。但是必須注意的是二者的分類性質是不同的。五十一聲類的分類是考求介音和諧的結果,即以三等和非三等進行劃分;而三十六字母的分類則是語音演變的結果,即唇音中的合口三等字分化出來,變成了輕唇音"非敷奉微",其餘的則保留爲重唇音"幫滂並明"。所以說三十六字母與五十一聲類中的唇音兩類,不僅其分類性質不同,連其各類內部的成分也是不同的。以下就其各自內部的構成成分進行列表比較:

等、呼		《廣韻》三十五聲母	《廣韻》五十一聲類	宋人三十六字母
三等	合口	幫、滂、並、明	必、披、皮、彌	非、敷、奉、微
	開口			
非三等	合口		博、普、蒲、莫	幫、滂、並、明
	開口			

二、三十五聲母的"泥"、"娘"合爲一個聲母,而三十六字母和五十一聲類都是分開的。應該注意三十六字母中的舌音聲母"端透定泥"和"知徹澄

娘",三十五聲母裏除了將"泥"、"娘"合爲一類以外,其餘都仍是分爲兩類。

三、三十五聲母的齒音有三套,而三十六字母是"精清從心邪"和"照穿牀審禪"兩類,五十一聲類則是各又分兩類一共四類(除了"邪"母仍是一類)。在齒頭音"精清從心邪"上,三十五聲母和三十六字母都只有一類。但三十六字母的正齒音"照穿牀審禪",根據對《廣韻》反切的系聯結果,應分爲"莊初崇生"和"章昌船書禪"兩類。而且"莊"類與二、三等相拼、"章"類與三等相拼,彼此有對立。所以三十五聲母也分爲"莊"、"章"兩套聲母。應該注意"莊"、"章"兩聲類的情況是與上述唇音、舌音不同的,並非追求介音和諧的結果,而是實際語音就不同。

四、牙音和喉音中"見溪疑曉影",五十一聲類都分爲兩類,條件與唇音相同,所以三十五聲母都合併爲一個聲母。三十六字母中的牙音"見溪群疑"和喉音"影曉匣喻",在五十一聲類中除了"群"母(只有三等,稱"渠"類)和"匣"母(只有一、二、四等,稱"胡"類)外都分爲兩類。三十五聲母則與三十六字母同,都仍只是一類,只是在"喻"母和"匣"母上有所不同。五十一聲類中的"喻"母分爲"于、以"兩類,"二"類只都切三等,形成對立;而"胡"只切三等。又其中的"于"類與"胡"類關係密切,彼此也形成互補,三十五聲母將"于"類與"胡"母合併爲"匣"母,而"以"類獨立爲"喻"母。所以說雖然同稱"喻"母和"匣"母,但三十六字母與三十五聲母裏是不同的。另外還值得注意的是,五十一聲類中的"于"類與"烏"類只是互補的關係,其實正與上述唇音、舌音一樣,也是三等與非三等的區別。

五、半舌音"來"母和半齒音"日"母都只有一個聲母。其中"來"母的情況與唇音、舌音和牙喉音一樣,也是五十一聲類分爲兩類,而三十五聲母合併爲一;"日"母則反切上字本來就只有一類。

第四節 《廣韻》聲母和現代普通話聲母的比較

學習目標:比較《廣韻》與現代普通話的聲母異同
　　　　　掌握《廣韻》到現代普通話的聲母演變規律
　　　　　熟悉濁音清化的具體情況
　　　　　現代普通話零聲母的歷史來源
　　　　　現代普通話舌面音聲母的歷史來源

現代普通話捲舌音聲母的歷史來源
唇音分化的條件和時代

重要知識點總結：
- "古爲今用"是學習音韻學的一個重要目的。
- 從《廣韻》三十五聲母到現代普通話二十二聲母的演變，突出的規律有四點：一、全濁聲母的清化；二、知莊章三組聲母合流爲捲舌音；三、精見兩組分化出新的舌面音；四、零聲母字大量增加。
- 從發音方法上看，古今音演變的最重要一點是：濁音清化。
- 從發音部位來看，古今音演變中最重要的有三條：一、從重唇音分化出輕唇音；二、精見兩組分化出新的舌面音；三、知莊章三組聲母合流爲捲舌音。

重點和難點學習提示：

學習音韻學的一個重要目的就是"古爲今用"。通過學習、研究古今語音的演變情況及其規律，可以幫助我們更好地理解現代語音結構的系統性，和現代漢語聲、韻、調的歷史來源，同時也有助於做好現代漢語的語音規範化工作。另外，通過古今語音系統的比較，並熟悉古今音變規律，也能幫助我們提高學習掌握古代語音系統的效率。

所以我們學習《廣韻》的音系也是如此，必須拿《廣韻》的聲、韻、調系統與現代普通話的聲、韻、調系統，一一進行比較。同時在比較中總結從《廣韻》到現代普通話語音系統的演變規律。

現代普通話的聲母一共二十二個（包括零聲母），即 [p]、[pʰ]、[m]、[f]、[t]、[tʰ]、[n]、[l]、[ts]、[tsʰ]、[s]、[tʂ]、[tʂʰ]、[ʂ]、[ʐ]、[tɕ]、[tɕʰ]、[ɕ]、[k]、[kʰ]、[x]、[ø]。比較《廣韻》的三十五聲母到現代普通話的二十二聲母的異同，突出的演變規律有四點：

一、全濁聲母清音化。現代普通話二十二個聲母中沒有一個全濁聲母，而《廣韻》三十五個聲母中有十個全濁聲母，即"並[b]、定[d]、澄[ɖ]、從[dz]、邪[z]、崇[dʐ]、船[dʑ]、禪[ʑ]、群[g]、匣[ɣ]"。這十個全濁聲母在現代普通話中全都清音化了。

二、知莊章三組聲母合流爲捲舌音，即 [tʂ-]、[tʂʰ-]、[ʂ-]。

三、精見兩組分化出新的舌面音。《廣韻》中的見組和精組聲母各有部分字分化出來，形成了現代普通話中的舌面音聲母，即 [tɕ-]、[tɕʰ-]、[ɕ-]。

四、零聲母字大量增加。《廣韻》三十五個聲母中只有一個"影母"是零聲母，而發展到現代普通話，喻母、微母、疑母也都演變成了零聲母。

以上總結的四點規律只是粗略地概括了從《廣韻》三十五聲母到現代普通話的聲母演變情況。同時，分析古今音變也可以分別從聲母的發音方法和發音部位這兩方面來看。在發音方法上"濁音清化"無疑是最重要的一條演變規律。上文提到《廣韻》中有十個全濁聲母（並、定、澄、群、從、崇、船、邪、禪、匣），其中又可按不同發音方法分爲三類：一、塞音"並、定、澄、群"；二、塞擦音"從、崇、船"；三、擦音"邪、禪、匣"。這三類清化的規律不盡相同，具體如下：

首先看塞音和塞擦音。這兩類的清化規律基本一致，都是按聲調的平仄不同分別變讀爲送氣或不送氣的清音。具體說，即《廣韻》的全濁聲母平聲字在現代普通話中都演變爲送氣清音，而仄聲字則演變爲不送氣清音。比如，塞音定母的平聲字"堂、田、徒"現代普通話都讀送氣清音的 [tʰ-]，仄聲字"宕、電、杜"則都讀不送氣清音 [t-]。至於塞擦音，舉例如從母的平聲字"才、存、蠶"現代普通話讀送氣清音 [tsʰ-]，仄聲字"在、座、自"則讀不送氣清音 [ts-]。然而，船母則比較不一樣，平聲字今讀送氣的塞擦音 [tʂʰ-]（"船脣"）和擦音 [ʂ-]（"神繩蛇"），仄聲則多讀擦音 [ʂ-]（"舌順射"）。另外還需要注意的是，《廣韻》的清組聲母（"精、清、從、心、邪"）到了現代普通話中還經過了分化的演變階段，所以從母字到了現代普通話不僅聲母清音化了，其中一部分字還在發音部位上發生了變化，比如從母平聲"才、齊"，普通話中都讀作送氣清音的聲母，"才"的聲母是 [tsʰ-]，"齊"則變成了舌面聲母 [tɕʰ-]。這將在下文講從發音部位掌握演變規律時再進行討論。

其次看擦音。全濁擦音聲母的清化規律很簡單，無論平仄都演變爲相應的清擦音聲母。這是因爲普通話中的塞音聲母沒有送氣與不送氣的區別。舉例來說，匣母字本讀 [ɣ-]，現代普通話則演變爲 [x-]，如"河華紅戶害滑"；邪母本讀 [z-]，今讀是 [s-]，如"隨寺飼松誦俗"。此外，需要進一步說明的是，這兩個聲母也跟上面提到的從母一樣，即從《廣韻》演變到現代普通話不僅清音化了，而且在發音部位上也經過了分化。它們各自都有部分字普通話讀作舌面聲母的 [ɕ-]。比如匣母，除了"河"一類字以外，另有一部分字普通話讀作 [ɕ-] 聲母的，如"霞諧咸形"。邪母也一樣，除了"隨"類，還有"邪袖旋席"一類是讀作 [ɕ-] 聲母的。值得一提的是，不論是 [x-]、[s-] 或 [ɕ-] 都仍是清擦音。

從發音部位來看,主要的變化有三條:

第一,從重唇音裏分化出輕唇音來。上一節已經提到《廣韻》的唇音反切上字分兩類:一類是三等(必、披、皮、彌),一類是非三等(博、普、蒲、莫)。但由於彼此互補,所以分析《廣韻》聲母時仍合為一類聲母,即"幫、滂、並、明"。但大約從中晚唐開始,唇音開始分化為重唇音"幫、滂、並、明"和輕唇音"非、敷、奉、微",基本條件是:三等中的合口字變為輕唇音,其餘即一、二、四等開、合口字和三等開口字則仍念為重唇音。根據《韻鏡》等等韻圖,《廣韻》的合口三等韻有十四個,其中九個舒聲韻和五個入聲韻。九個舒聲韻是:東韻(如"風豐鳳")、鍾韻(如"封峰奉")、微韻(如"非妃費")、虞韻(如"夫膚附")、廢韻(如"廢肺吠")、文韻(如"分芬奮")、元韻(如"番煩飯")、陽韻(如"方房放")、凡韻(如"帆泛犯");五個入聲韻是:屋韻(如"福腹伏")、物韻(如"紼佛")、月韻(如"發伐罰")、藥韻(如"縛")、乏韻(如"法乏")。此外還有尤韻(如"浮婦負"),尤韻本來是開口三等,由於後來唇音字都轉入虞韻,因此也跟着演變成輕唇音聲母了。

第二,精、見兩組分化出新的舌面音[tɕ-]、[tɕʰ-]、[ɕ-]。上文提到《廣韻》的精、見兩組的反切上字都各分為三等與非三等的兩類,其中三等類就是後來變成舌面音的,但是由於這見系聲母的二等韻字在歷史音變中一般產生了一個[-i-]介音而跟三等韻合流,所以《廣韻》中也有部分非三等類的字後來也變成了舌面音。但總體原則還是一致的,就是緊接聲母後的[-i-]或[-y-]促使[k-]、[ts-]類聲母發生腭化並最終變成了舌面音,這在語音學上稱做"同化作用"。因此我們說,凡在今音念齊齒呼和撮口呼的古精、見兩組字都是變為舌面音聲母的。從演變歷史的先後來看,見組的分化要比精組的分化時間更早。所以在某些方言,甚至共同語的某個時期存在過見組齊齒、撮口二呼的字已變成舌面音[tɕ-]組聲母,而精組的齊齒呼、撮口呼字仍讀作舌尖音[ts-]的現象。比如見組字"經、輕、興"分別念[tɕiŋ]、[tɕʰiŋ]、[ɕiŋ],而精組字"精、清、星"分別念[tsiŋ]、[tsʰiŋ]、[siŋ]。這種區分就叫做"尖團音",即[-i-]、[-y-]前的[tɕ-]、[tɕʰ-]、[ɕ-]叫團音,而在[i-]、[y-]前的[ts-]、[tsʰ-]、[s-]叫尖音。就目前所見的文獻上最早系統記錄尖團音混同的是18世紀成書的《圓音正考》,這表明最晚其時精組也分化出舌面音了。然而一般相信在實際語音中這一演變的時間要更早。南北方言裏保持尖團音區別的比較多。

第三,《廣韻》的知、莊、章三組聲母合流為現代普通話的捲舌音,即[tʂ-]、[tʂʰ-]、[ʂ-]。大體而言,是[tʂ-]、[tʂʰ-]來源於知徹澄、莊初崇、章昌船禪，而[ʂ-]則來源於生、書及船禪。但從歷史角度來看，這三組的演變也並不是同時進行的。至於孰先孰後及其順序問題，却是個相當複雜的問題，至今學界仍未取得一致的意見。大致說來有兩種比較合理的可能性：一、莊、章二組先合併，然後再與知組合流。理由是，正齒音的莊、章二組是系聯《廣韻》反切上字而得出的兩類，又因彼此對立而分列兩個聲母。但在宋人三十六字母中正齒音只有一組而知組仍獨立，所以很可能是莊、章先合併爲[tʃ-]聲母，後來再與知組合流而成爲[tʂ-]的，即：

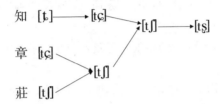

二、知、章先合併爲[tɕ-]聲母，再與莊組合流變成[tʂ-]。這主要從一些文獻材料中體現出來，尤其是敦煌寫本的材料中，比如敦煌文學作品的抄本中就有將"知"(知母)寫作"支"(章母)、"諸"(章母)寫作"誅"(知母)的。但也可能這只是當時西北方言的一種特殊情況。主張這一種演變方式的，其演變路線示意如下：

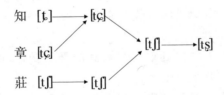

從時間來看，知、莊、章三組的合流大約在南宋，但合流後却並非就都變成捲舌音，而是一部分先變成了捲舌音，另一部分則讀作舌葉音[tʃ-]、[tʃʰ-]、[ʃ]，如《中原音韻》"支思"韻裏的字如"支之旨齒詩視"應該已是捲舌音了。

綜合自測練習

一、名詞解釋
   1. 系聯法　　　　　　2.《切韻考》
   3. 介音和諧　　　　　4. 類隔、音和

5. 聲類　　　　　　6.《廣韻》三十五聲母
7. 濁音清化　　　　8. 尖團音
9. 重唇音、輕唇音　10. 知、莊、章合流

二、填空題

1. 陳澧的系聯法包括三項條例，分別是＿＿＿＿、＿＿＿＿、＿＿＿＿。

2. 陳澧《切韻考》將《廣韻》反切上字系聯成四十個聲類，分別爲＿＿＿＿＿＿＿＿＿＿＿＿。

3. 錢玄同《文字學音篇》中將《廣韻》反切上字系聯成四十一個聲類，分別爲＿＿＿＿＿＿＿＿＿＿＿＿。

4. 高本漢、白滌洲將《廣韻》反切上字系聯成五十一個聲類，分別爲＿＿＿＿＿＿＿＿＿＿＿＿。

5. 曾運乾、陸志韋、周祖謨等人將《廣韻》反切上字系聯成五十一個聲類，分別爲＿＿＿＿＿＿＿＿＿＿。

6. 白滌洲用來考求《廣韻》聲類的方法叫＿＿＿＿。

7. 曾運乾、陸志韋、周祖謨等人用來考求《廣韻》聲類的方法，包括＿＿＿＿、＿＿＿＿、＿＿＿＿。

8.《廣韻》三十五聲母與現代普通話比較，最突出的演變規律有四點：＿＿＿＿、＿＿＿＿、＿＿＿＿、＿＿＿＿。

9.《廣韻》三十五聲母到現代普通話的聲母變化，從發音方法上最重要的一個演變規律是：＿＿＿＿。

10.《廣韻》三十五聲母到現代普通話的聲母變化，從發音部位上最重要的三條演變規律是：＿＿＿＿、＿＿＿＿、＿＿＿＿。

三、問答題

1. 請比較陳澧《廣韻》四十聲類與周祖謨等人五十一聲類的異同，並指出陳澧四十聲類有哪些處理得不妥當的地方。

2. 請比較《廣韻》五十一聲類、《廣韻》三十五聲母、宋人三十六字母的異同，並進行簡單分析。

3. 什麽是聲類？聲類與聲母有什麽不同？爲什麽《廣韻》脣、牙、喉音聲母都各分爲兩個聲類，但歸納《廣韻》三十五聲母時都合成一個聲母？

4. 什麽是類隔切？什麽是音和切？請舉例説明這如何影響《廣韻》聲母的分析？

5. 白滌洲使用統計法來考求《廣韻》的聲母系統，將"見溪疑影曉來"六母都各分爲兩類。請舉例説明他如何得出這一結論的。

6. 請舉例説明《廣韻》三十五聲母中的齒音聲母有三套的原因。

7. 請舉例分析普通話舌面音聲母[tɕ-]、[tɕʰ-]、[ɕ-]的來源及其演變過程。

8. 請舉例分析普通話捲舌音聲母[tʂ-]、[tʂʰ-]、[ʂ-]的來源及其形成過程。

9. 請舉例分析《廣韻》的全濁聲母到現代普通話的清音化過程及其對應關係。

10. 請查出下列詩中各字的《廣韻》聲類及聲母，并標出其清濁：

山居秋暝　王維

空山新雨後，天氣晚來秋。
明月松間照，清泉石上流。
竹喧歸浣女，蓮動下漁舟。
隨意春芳歇，王孫自可留。

子夜吴歌·秋歌　李白

長安一片月，萬户擣衣聲。
秋風吹不盡，總是玉關情。
何日平胡虜，良人罷遠征。

第五節 《廣韻》的韻母系統

學習目標：研究《廣韻》韻母的方法
　　　　　　陳澧用系聯法考求《韻母》的韻類
　　　　　　後來各家研究的韻害數量與陳澧的韻類數量的不同及其原因
　　　　　　《廣韻》的韻類和韻母
　　　　　　等韻圖對《廣韻》韻類韻母的分析

重要知識點總結：

- 考求《廣韻》韻母系統，與考求聲母系統一樣，只能從研究《廣韻》中的反切入手。
- 分析《廣韻》反切下字所得出的分類，稱做"韻類"，並不是韻母。
- 考求《廣韻》的韻母系統，使用的還是陳澧的系聯法。
- 系聯法在研究韻類上，與聲母相同，也是三項條例。但具體內容有所不同：一、基本條例，是指被切字與切下字屬於同一聲類，其中又包含同用例、互用例、遞用例；二、分析條例，指兩個反切之間如果切上字屬於同一聲類，則切下字必不同韻類；三、補充條例，利用"四聲一貫"的原則將應屬同韻類却未能系聯的切下字系聯起來。
- 陳澧的系聯法得出《廣韻》有三一一個韻類。但由於對唇音開合口、重紐問題的不同處理方式，後人就得出了不同的結論。比如周祖謨先生結合審音法得出三二四個韻類，黃侃則得出三三五類。而白滌洲使用統計法，得出二九〇類。高本漢也得出了《廣韻》有二九〇個韻類的結論。別外，李榮、邵榮芬二位先生根據《刊謬補缺切韻》分別得出三三四類和三二六類。
- 我們基本採用高本漢的二九〇類，並增加了五類，形成《廣韻》的二九五個韻類。
- 《廣韻》二九五韻類中，平聲八十三類、上聲七十六類、去聲八十三類、入聲五十一類。
- 韻類是包含聲調的，而韻母則不區別聲調，所以二九五韻類經過分析得出《廣韻》舒聲九十一個韻母、入聲五十一個韻母，一共一四二個韻母。
- 通過系聯法得出的《廣韻》二九五韻類、一四二韻母，只是一個數字，要知道每個韻母的具體情況，比如《廣韻》的一個韻中幾個韻類之間的區別是開合還是洪細，這都需要借助於等韻圖的分析。
- 等韻圖中使用的"十六攝"、"兩呼"、"四等"對於確定《廣韻》各韻類及韻母的具體音韻地位是很重要的。
- 等韻學不僅給韻分等，連聲母也分了等。聲母分等有兩方面的原因：一是根據聲母與韻的配合來看的，即某聲母若與某等的韻搭配，就具有某等的概念；二是爲了解決三十六字母與三十五聲母的矛盾。

重點和難點學習提示：

在第三節說過，考求《廣韻》聲母系統和韻母系統，都只能從研究《廣韻》中的反切入手。所以，跟研究《廣韻》的聲母系統一樣，研究韻母系統就得從反切下字開始，而且得出的切下字分類稱做"韻類"，必須再經過分析歸併才能得出《廣韻》的韻母。

考求《廣韻》韻類的方法同樣是陳澧的系聯法，具體的操作手法也和考求聲類一樣是三項條例，即基本條例、分析條例、補充條例。其中基本條例、分析條例的內容也和考求聲類是一樣的，只是對象是反切下字，此外，補充條例的內容則有所不同。具體說明如下：

一、基本條例，是指被切字與切下字屬於同一韻類，其中又包含同用例、互用例、遞用例。同用例，舉例如"東，德紅切"、"公，古紅切"，那麼"東"和"公"都使用同樣的反切下字"紅"，所以它們是屬於同韻類的。互用例，如"公，古紅切"、"紅，戶公切"，其中"公"和"紅"互爲反切下字，所以它們屬於同韻類。遞用例，如"東，德紅切"、"紅，戶公切"，其中"東"以"紅"爲反切下字，"紅"又以"公"爲反切下字，所以"東"、"紅"、"公"就都屬於同韻類。

二、分析條例，指兩個反切之間如果切上字屬於同一聲類，則切下字必不同類。比如東韻裏的兩個反切"菶，莫中切"和"蒙，莫紅切"，二者都以"莫"爲切上字，所以切下字"中"和"紅"必不同類。

三、補充條例，利用"四聲一貫"的原則將應屬同韻類却未能系聯的切下字系聯起來。所謂"四聲一貫"是指平上去入四聲相配，如"東、董、送、屋"。而且由於《廣韻》的入聲韻是與陽聲韻相配的，所以陰聲韻只有平上去三聲相配，如"虞、麌、遇"。舉例如"朱（章俱切）、俱（舉朱切）、夫（甫無切）、無（武夫切）"都屬於平聲虞韻，其切下字兩兩互用，通過系聯得出的只能是"朱"和"俱"一類、"夫"和"無"一類，共有兩類；但與之相配的上聲麌韻、去聲遇韻都各只有一個韻類，所以根據四聲相承的一般情況，就可以推斷虞韻也只有一個韻類。

系聯反切下字的情況比切上字複雜一些，主要有兩方面的原因：

第一，脣音字的開合口問題。比如《廣韻》中脣音字的反切，其切下字往往開合混用，即有時開口字切合口字，有時合口字切開口字。舉例如"橫，戶盲切"、"盲，武庚切"，按照遞用例"橫"、"盲"、"庚"都可以系聯爲一個韻類，但是"橫"是合口字、"庚"是開口字，所以不可能是一個韻類。這正是因爲"盲"是脣音字，既可以用來切合口字，也可以被開口字所切。因此，這裏就不能簡單根據基本條例將"橫"、"庚"合併爲一個韻類，而必須使用審音法分析爲兩個韻類。

第二，是重紐問題。"重紐"是指《廣韻》中"支、脂、宵、真、諄、仙、侵、鹽、祭"九個三等韻的脣牙喉音字，反切下字都分爲兩類。按照正常分析，同聲、同等、同呼、同韻就應該是同音字，但"重紐"却是在以上因素都相同的情況下存在兩個音類。至於其中區別所在，歷來有不同解釋，從聲母到介音、韻腹、韻尾等都幾乎曾有人主張是其區別所在。而其介音區別的解釋則是得到比較廣泛的認同的。"重紐"是一個比較複雜的問題，這裏不做過多的討論。但有一點可以肯定的是，正視重紐問題的學者，所得出的《廣韻》韻類數量就多於無視重紐的學者。

基於以上兩方面問題的不同觀點及處理方式，所以歷來許多學者通過系聯《廣韻》反切下字所得出的結論也很不相同。首先，陳澧得出的是三一一個韻類。周祖謨先生結合審音法得出三二四個韻類，黃侃先生則得出三三五類。李榮、邵榮芬二位先生根據《刊謬補缺切韻》分別得出三三四類、三二六類。而白滌洲使用統計法，得出二九〇類。另外，高本漢也得出了《廣韻》有二九〇個韻類的結論。

這裏需要特別提及的是，我們前面介紹過《廣韻》音系就是《切韻》音系，也就是說《廣韻》的聲母、韻母系統就是《切韻》的聲母、韻母系統。但同時也說過，《廣韻》的韻目數是二百零六韻，《切韻》是一百九十三韻，而李榮、邵榮芬用來進行分析的《刊謬補缺切韻》則是一百九十五韻。彼此相差十多個韻，它們還是同一個語音系統嗎？這裏必須強調一點：韻目不等於韻類，更不等於韻母。韻目數量的增加并不等於韻母數量的增加。比如《切韻》和《刊謬補缺切韻》的"歌、哿、箇"到《廣韻》則分為"歌、哿、箇"和"戈、果、過"，韻目數由三個增加爲六個。經過韻類分析，則《切韻》和《刊謬補缺切韻》的歌韻有"何、禾、伽、靴"四個韻類，哿韻有"可、果"兩類，箇韻有

"箇、臥"兩類,合起來一共八個韻類。再看《廣韻》,則歌韻"何"一類、哿韻"可"一類、箇韻"箇"一類,又戈韻"禾、伽、靴"三類、果韻"果"一類、過韻"臥"一類,合起來也是八個韻類。而且經過歸併後得出的韻母數量也都同樣是四個韻母。所以,雖然韻目數不同,但經過反切下字的系聯分析所得出的韻類數則是一樣的,然後再通過審音等方法歸併的韻母數也是一樣的。因此我們說《廣韻》音系就是《切韻》音系。《廣韻》比《切韻》多出來的十三個韻,除了歌韻的戈韻,另有真韻、寒韻、嚴韻等也都一分爲二。

　　我們基本採用高本漢的二九〇個韻類,增加了五類,形成《廣韻》的二九五個韻類。這二九五韻類中,平聲八十三類、上聲七十六類、去聲八十五類、入聲五十一類。上文提到過,韻類不等同於韻母:韻類是包含聲調的,而韻母則不包含聲調。所以二九五個韻類經過分析後,得出《廣韻》舒聲九十一個韻母、入聲五十一個韻母,一共一四二個韻母。具體推算如下:平上去三聲相配,應該得出八十三個韻母,然而此前提到過去聲"祭、泰、夬、廢"是沒有與之相配的平上二聲的,而這四個韻又各有兩個韻類,一共就是八個韻類,這樣一相加,八十三加八就是九十一個舒聲韻母;入聲五十一個韻類就是五十一個韻母。這就是《廣韻》的一四二個韻母。

　　然而,通過系聯法得出的《廣韻》二九五韻類、一四二韻母,都還只是一個數字。我們還是無法知道具體韻類或韻母的音韻地位,比如某韻分爲幾個韻類,而這幾個韻類之間的區別是開合口的不同還是洪細的不同,等等。所以,我們需要借助於等韻圖的分析。

　　早期的等韻圖如《韻鏡》、《七音略》都是分析《廣韻》音系的等韻圖。較早的等韻圖中將二百零六韻歸併爲四十三轉,後來的等韻圖又進一步歸併爲十六攝。這十六個攝的名稱及其所包含的《廣韻》韻目如下:

十六攝	包含的《廣韻》韻目(舉平以賅上去入)
1. 通攝	東冬鍾
2. 江攝	江
3. 止攝	支脂之微
4. 遇攝	魚虞模
5. 蟹攝	齊佳皆灰咍祭泰夬廢
6. 臻攝	真諄臻文欣魂痕
7. 山攝	元寒桓刪山先仙
8. 效攝	蕭宵肴豪

續表

9. 果攝	歌戈
10. 假攝	麻
11. 宕攝	陽唐
12. 梗攝	庚耕清青
13. 曾攝	蒸登
14. 流攝	尤侯幽
15. 深攝	侵
16. 咸攝	覃談鹽添咸銜嚴凡

"攝"是以韻尾相同、主元音相近為單位的分析結果。比如通攝"東、冬、鍾"三個韻，韻尾都是[-ŋ]，而東韻主元音為[u]，冬鍾韻主元音為[o]，都是後高元音。又如，蟹攝"齊、佳、皆、灰、咍、祭、泰、夬、廢"諸韻都是收[-i]尾的；而流攝"尤、侯、幽"和效攝"蕭、宵、肴、豪"都是收[-u]尾的，只是因為主元音差別較大，所以分為兩個攝。再如山攝"元寒桓删山先仙"、臻攝"真諄臻文欣魂痕"都是收[-n]尾的，等等。

除了韻攝以外，《韻鏡》還運用開合兩呼、一二三四等來分析《廣韻》的韻類和韻母。這些對於確定《廣韻》各韻類及韻母的具體音韻地位都是很重要的。比如東韻的反切下字經過系聯得出兩個韻類，"紅類"與"弓類"，再通過與等韻圖對照，可以知道其中的"紅類"是一等、"弓類"是三等。另外，再看東韻的上去二聲，董韻只有"孔類"屬一等，送韻有兩類："貢類"屬一等、"仲類"屬三等。而此前分析過，三等是帶[-i-]介音的細音，一等是不帶[-i-]介音的洪音。所以我們的構擬是：一等("紅類、孔類、貢類")為[-uŋ]，三等("弓類、仲類")是[-iuŋ]。所以我們的分析結果是："東董送"三個韻共有五個韻類，歸納為兩個韻母(即[-uŋ]、[-iuŋ])。再比如，麻韻的反切下字系聯為三類，即"加類"、"遮類"、"瓜類"。經過分析等韻圖，知道"加"、"遮"為開口呼，"瓜"是合口呼；另外"加"、"瓜"是二等，"遮"是三等。合口呼是帶[-u-]介音的。所以，我們的構擬是："加"為[-a]，"遮"為[-ia]，"瓜"為[-ua]。

"等"的概念在音韻學上很重要，它不僅對於我們分析音系很有幫助，也能夠對我們構擬古音起到很關鍵的作用。所以我們有必要重點討論一下音韻學中"等"的概念。首先，需要重申"等呼"的概念是用來分析介音和主元音的。以上分析東韻和麻韻的韻類是我們利用"等"的區別對一韻內

第三章 《廣韻》音系 59

的韻類進行分析和擬音,其實從《韻鏡》等韻圖來看,不同韻之間也有分等的情況。比如《韻鏡》外轉第二十五圖中將"豪肴宵蕭"合在一個圖裏,豪韻排在一等、肴韻排在二等、宵韻排在三等、蕭韻排在四等。這四個韻都只有一個韻類,豪韻爲"刀類"、肴韻爲"交類"、宵韻爲"遙類"、蕭韻爲"聊類"。這四個韻既然屬於同一韻攝,則其韻尾就應該是相同而主元音相近,但又彼此屬於不同的韻,則其主元音應該是不同的。所以,豪韻構擬爲[ɑu]、肴韻爲[au]、宵韻爲[iɛu]、蕭韻爲[ieu]。這裏四等的概念就不僅是介音的區別,而是主元音的區別了。

另外,在第三節説過,不只是韻母分等,聲母也是分等的。但是,既然"等"和"呼"是進行分析介音和主元音的,那麼聲母又爲什麼要分等呢?其實,聲母的分等主要是有兩方面的原因:

第一,是從聲母和韻母的配合關係上看的,即某聲母若與某等的韻搭配,就具有某等的概念。比如幫、滂、並、明、見、溪、疑、曉、影、來十個聲母分別可與一、二、三、四等的韻相拼,所以這十個聲母都是一、二、三、四等俱全的;而匣母只與一、二、四等的韻相拼,所以匣母就只有一、二、四等。同樣的,端、透、定、泥只有一、四等;知、徹、澄、娘則只有二、三等;而非、敷、奉、微、群、禪、日七個聲母則只有三等。

第二,聲母分"等"的又一原因,是爲瞭解決三十六字母與三十五聲母的矛盾。尤其在編訂等韻圖時,韻圖作者是按照五音清濁來排列聲母,因此在齒音一欄中就出現了問題。這是因爲三十六字母的正齒音只有"照"組一套,而三十五聲母却有"莊"("莊初崇生")、"章"("章昌船書禪")二組,所以在排列等韻圖時就硬性規定了將"莊"組排在二等、"章"組排在三等。因此,稱"莊"組的"莊初崇生"爲照₂、穿₂、牀₂、審₂;"章"組的"章昌船書禪"爲照₃、穿₃、牀₃、審₃、禪₃。但是我們上一節提過"莊"組和"章"組都能拼合三等韻("莊"組能拼二、三等韻,"章"組能拼三等韻),所以二者在三等韻上其實是對立的。但是,既然韻圖作者已經硬性規定"莊"組排在二等、"章"組排在三等,那麼遇到"莊"組三等韻字時就出現問題了。比如《韻鏡》内轉第一圖"東韻","齒音濁"一列二等上的"崇"字。我們上文提到過,東韻有兩個韻類,分別爲"紅類"一等和"弓類"三等。"崇"字在《廣韻》的反切是"鋤弓切",屬於東韻的"弓類"三等。那在韻圖中爲什麼將其排在二等呢?這正是因爲"鋤"屬於莊組全濁聲母"崇"母,按照韻圖作者的硬性規定屬於照₂組,應該排在二等的位置上。因此爲了取得韻圖聲母排列上的一致性,就將"崇"字列在二等,而實際上它應是三等字。這在音韻學上叫做

"假二等"。

還不止如此,三十六字母中的齒音還包括"精"組("精清從心邪"),而韻圖作者也將其與照₂、照₃排在同一列中。既然同列中二等、三等已被占據,那"精"組則硬性規定排在剩餘的一等和四等的位置上了。因此,韻圖齒音的安排就如下表所示:

發音部位	齒音				
清濁	全清	次清	全濁	清	濁
一等	精	清	從	心	
二等	照₂	穿₂	牀₂	審₂	
三等	照₃	穿₃	牀₃	審₃	禪₃
四等	精	清	從	心	邪

雖然韻圖中"精"組分別排在一、四等,然而實際上"精"組只有一類聲母。因此它的分列性質是與照₂、照₃兩組聲母不同的。然而,與照₂組的"假二等"相同,精組也有類似問題。如上文所舉的《韻鏡》內轉第一圖"東韻","齒音清"一列中四等上的"嵩"字就是一個例子。"嵩"字的《廣韻》反切是"息弓切",屬於東韻"弓類"三等韻。但為什麼又排在四等呢?其原因與上述"崇"字相同。因為反切上字屬於精組的清音"心"母,既然韻圖作者已經硬性規定精組聲母排在一四等,而同列的三等已經有字,因此"嵩"字就只能列在四等的位置上了。這在音韻學上又叫做"假四等"。

我們從以上的分析可以看出,聲母分"等"的原因,除了由於它們與不同"等"的韻拼合獲得以外,還有韻圖作者為了遷就三十六字母及韻圖的排列而硬性規定的。

第六節 《廣韻》韻母和現代普通話韻母的比較

學習目標:比較《廣韻》與現代普通話的韻母異同
　　　　　掌握《廣韻》韻母到現代普通話的演變規律
　　　　　主元音演變的總體情況
　　　　　韻尾演變的總體情況
　　　　　介音演變的總體情況

重要知識點總結：
- 《廣韻》的陰聲韻、陽聲韻、入聲韻三類韻母，演變爲現代普通話則只有陰聲韻和陽聲韻兩類韻母。
- 《廣韻》一四二個韻母，現代普通話三十七個韻母，數量減少明顯。但如果加上聲調的區別，《廣韻》二九五韻類，就與南方方言如廣州話差不多了。只是普通話相比之下還是少了一半左右的韻類數目。
- 從《廣韻》到現代普通話的韻母演變，不論是介音、主元音或韻尾的位置上，都是以合併爲主。
- 主元音的演變，除了果、假二攝的歌、麻等韻是以分化爲主外，其餘都是以合併爲主。
- 韻尾的演變，《併韻》的陰、陽、入三類變成只有陰、陽兩類。其中入聲韻消失，歸併於陰聲韻；陽聲韻的三類鼻音韻尾也減成[-n]、[-ŋ]兩類；陰聲韻的元音韻尾基本保持一樣。
- 介音的演變，《廣韻》的兩呼、四等到現代普通話合併爲開、齊、合、撮四呼。

重點和難點學習提示：

　　《廣韻》一四二個韻母，現代普通話三十七個韻母，數量減少非常多。即使韻母系統比普通話複雜得多的現代南方方言，韻母的數量也不到一百個。然而，如果加上聲調的區別，《廣韻》二九五韻類就與南方方言如廣州話差不多了。所以不能以此來懷疑《廣韻》音系過於複雜，繼而認爲《廣韻》音系是雜糅古今和南北方音而成的。但是，普通話的韻母系統相比之下還是少了一半左右的韻類數目。

　　從《廣韻》到現代普通話的韻母演變，不論是介音、主元音或韻尾的位置上，都是以合併爲主。這才是現代普通話韻母系統比起《廣韻》來韻類數量減少得多的真正原因。以下進行具體說明：

　　第一，主元音的演變。從《廣韻》到現代普通話，除了果、假二攝的歌、麻等韻的變化是分化的以外，其他各韻攝的主元音的變化都是以合併爲主。比如《廣韻》的假攝麻韻有三個韻母 [a]、[ia]、[ua]，主元音只有一個 [a]。到了現代普通話，麻韻字則分別演變爲 [a]（"巴拿沙"）、[ia]（"家霞雅"）、[ua]（"瓜花瓦"）、[ɤ]（"遮賖惹"）、[ie]（"些邪爺"），主元音分化爲 [a]、[ɤ]、[e] 三類。

　　然而，除了果、假二攝以外，其餘的韻都是以合併爲主的。比如效攝豪、肴、宵、蕭四韻，按照韻圖分屬於一、二、三、四等，主元音也各不同，上一節提過，豪韻構擬為[ɑu]、肴韻為[au]、宵韻為[ĭɛu]、蕭韻為[ieu]，一共是四個主元音[ɑ]、[a]、[ɛ]、[e]。到了現代普通話則合流為[au]、[iau]兩個韻母，主元音也只有一個[a]。具體來說，一等豪韻都讀作[au]，如"褒、袍、桃、操、高、熬"等；四等蕭韻都讀作[iau]，如"刁、條、遼、簫、澆、堯"等；至於二等肴韻，本來是不帶[-i-]介音的，但其牙喉音到普通話都讀作[iau]，如"交、教、敲、孝"，其餘唇舌齒音則仍讀[au]，如"包、茅、罩、抄、梢"；三等宵韻也是分為[au]、[iau]兩個韻母，其中普通話捲舌聲母字都失去了[-i-]介音，讀作[au]，如"朝、昭、燒、少"，其餘則仍帶介音，讀[iau]，如"飄、苗、燎、焦、嚻、妖"。再比如山攝有寒[ɑn]、桓[uɑn]、刪[an]、[uan]、山[æn]、[uæn]、仙[ĭɛn]、[ĭwɛn]、先[ien]、[iuen]六韻，一共十個韻母，其主元音有五個：[ɑ]、[a]、[æ]、[ɛ]、[e]。到現代普通話則合併為開、齊、合、撮四個韻母，即[an]、[ian]、[uan]、[yan]，主元音也只有一個[a]。

　　第二，韻尾的演變。《廣韻》各韻的韻尾按照元音韻尾、鼻音韻尾、塞音韻尾分為陰聲韻、陽聲韻、入聲韻三類，但是演變為現代普通話則只有陰聲韻和陽聲韻兩類。《廣韻》的陰聲韻是以[-i]、[-u]收尾的，陽聲韻有[-m]、[-n]、[-ŋ]三類，入聲韻是[-p]、[-t]、[-k]三類。到現代普通話，其中入聲韻的塞音韻尾完全消失，變為開音節，即歸併入陰聲韻，其歸併情況在下一節討論聲調的演變時再詳述；陽聲韻的三類鼻音韻尾也減成[-n]、[-ŋ]兩類，北方話的[-m]韻尾大概在十五六世紀時就轉到[-n]韻尾了，如咸攝"覃[ɒm]、談[ɑm]、鹽[ĭɛm]、添[iem]、咸[ɐm]、銜[am]、嚴[ĭɐm]、凡[ĭwɐm]"的韻尾都變成了[-n]，並且主元音也經過歸併成了[an]、[ian]兩類韻母，與原來山攝合併了；只有陰聲韻的元音韻尾基本保持一樣，仍是收[-i]、[-u]兩類。

　　我們在前面提過，《廣韻》的二〇六韻按照主元音與韻尾的分析，可以歸併為九十五個韻部；如果加上介音，就是一百四十二個韻母。而現代普通話則是三十七個韻母、十八個韻部。所以說，單從韻部數量來看，也是大大簡化了的。現代普通話的十八個韻部就是所謂"現代詩韻"的十八部，即：麻部[a]、歌部[ɤ]、波部[o]、齊部[i]、支部[ɿ]、兒部[ɚ]、魚部[y]、模部[u]、微部[ei]、皆部[ie]、哈部[ai]、豪部[au]、侯部[əu]、寒部[an]、痕部[ən]、唐部[aŋ]、庚部[əŋ]、東部[uŋ]。然而實際的押韻並不那麼嚴格，實際做詩時波部和歌部可以互押；支部、兒部、齊部可以通押，甚至可和魚部、齊部通押；庚部和東部通押。如此看來，現代詩歌的實際用韻其實可以歸併為十三韻,這與近代韻文用韻,尤其曲藝如京劇所用的"十三轍"是很接近的。

第三,介音的演變。從以上古今韻部及韻母數量的比較來看,很容易看出《廣韻》到現代普通話的介音也是很大程度地簡化了的。《廣韻》的介音是按開合兩呼、一二三四等來分析的。而且按照現代學者的研究,合口呼又分爲元音性的 [-u-] 和輔音性的 [-w-],另外 [-i-] 介音也分爲三等的緊音 [-i-] 和四等的鬆音 [-i-]。而且《廣韻》音系中還有複合介音,如合口三四等就是既帶 [-u-](或[-w-])介音又帶 [-i-](或[-i-])介音的,即 [-iu-] 之類的複合介音。然而到了現代普通話,這些都合併爲只有開、齊、合、撮四呼,介音也只有 [-i-]、[-u-]、[-y-] 三類。其中的撮口呼是由上述合口三四等的複合介音合併而形成的。這是從其總的趨勢來看的。實際上,從具體的個別韻的演變來看,除了大體上的介音歸併以外,也有增添介音的情況的。比如"家(麻韻)、佳(佳韻)、皆(皆韻)、咸(咸韻)、顏(刪韻)"這些開口二等牙喉音字,現代普通話中都產生了[-i-]介音。

第七節 《廣韻》的聲調

學習目標:《廣韻》四聲與現代普通話四聲的對應規律
平分陰陽的具體情況
濁上變去的具體情況
入派四聲的具體情況

重要知識點總結:
- 《廣韻》的四聲是平、上、去、入四個聲調,現代普通話的四聲是陰平、陽平、上、去四個聲調。
- 古今聲調的演變情況大體是:平聲分爲陰平、陽平兩類;上聲分化爲上聲和去聲;去聲基本保持不變;入聲消失,歸併入陰平、陽平、上聲、去聲四類之中。
- 古今聲調演變的具體規律主要有三條:一、平分陰陽,即古平聲按照聲母的清濁分化爲陰平、陽平兩類;二、全濁上變去,即古上聲的全濁聲母字在聲母清化以後聲調變爲去聲;三、入派四聲,古入字分別歸併入現代普通話的陰平、陽平、上聲、去聲四類之中。
- 入派四聲的規律性不是很強,其中較明顯的是全濁聲母的入聲字歸入陽平，次濁聲母的入聲字歸入去聲。但都有例外。而清聲母的入聲字在現代普通話中歸入陰平、陽平、上聲、去聲的都有，所以演變規律並不明顯。

重點和難點學習提示：

《廣韻》的四聲是指平、上、去、入四個聲調，而現代普通話的四聲則是陰平、陽平、上、去四個聲調。其中平聲分爲陰平、陽平兩類，入聲則消失了。瞭解古今聲調的演變，可以從古聲調演變爲今聲調的角度來看，也可以從今聲調的來源上看。從古變今來看，古今聲調的演變情況大體是：平聲分爲陰平、陽平兩類；上聲分化爲上聲、去聲；去聲基本保持不變；入聲消失，歸併入陰平、陽平、上聲、去聲四類之中。再從今聲調的來源看：今天陰平、陽平都來自於古平聲及入聲；今上聲來自於古上聲及入聲；今去聲則來自古上聲、去聲和入聲。

古今聲調演變的具體規律主要有三條：一、平分陰陽；二、全濁上變去；三、入派四聲。以下分別詳細說明：

第一，平分陰陽。這是指古平聲按照聲母的清濁分化爲陰平、陽平兩類，即全清、次清聲母字讀爲陰平，全濁、次濁聲母字讀爲陽平。這一變化產生得較早，大約在唐代就開始了。同時，也不僅普通話如此，在整個現代漢語方言中是一個普遍的現象。所謂按聲母的清濁分爲陰、陽兩類，具體說是古平聲字，聲母是全清或次清的，就變爲今陰平調；反之，聲母是全濁或次濁的就變爲今陽平調。《廣韻》三十五聲母中，全清聲母有十二個：幫（方）[p-]、端[t-]、知[ṭ-]、精[ts-]、心[s-]、莊[tʃ-]、生[ʃ-]、章[tɕ-]、書[ɕ-]、見[k-]、影[ø-]、曉[x-]；次清七個：滂（芳）[pʰ-]、透[tʰ-]、徹[ṭʰ-]、清[tsʰ-]、初[tʃʰ-]、昌[tɕʰ-]、溪[kʰ-]；全濁十個：並（奉）[b-]、定[d-]、澄[ḍ-]、從[dz-]、邪[z-]、崇[dʒ-]、船[dʑ-]、禪[ʑ-]、群[g-]、匣[ɣ-]；次濁六個：明（微）[m-]、泥[n-]、來[l-]、日[ȵʑ-]、疑[ŋ-]、喻[j-]。舉例字並列表如下：

陽平		陰平
全清	幫（幫）、方（方）、當（端）、張（知）、精（精）、心（心）、莊（莊）、生（生）、章（章）、商（書）、交（見）、央（影）、香（曉）	

續表

次清	滂(滂)、芳(芳)、湯(透)、倉(清)、初(初)、昌(昌)、康(溪)	
全濁		旁(並)、房(奉)、堂(定)、腸(澄)、藏(從)、邪(邪)、崇(崇)、船(船)、常(禪)、強(群)、航(匣)
次濁		忙(明)、無(微)、囊(泥)、郎(來)、人(日)、昂(疑)、羊(喻)

第二，全濁上變去。指的是古上聲的全濁聲母字在聲母清化以後，聲調變爲去聲。這條規律只限於全濁聲母字，次濁上聲字則不變。比如舌音"端、透、定、泥"，全清端母上聲"賭底島黨"、次清透母上聲"土體討儻"、次濁泥母上聲"努旎腦曩"，今天都讀上聲；而全濁聲母定母上聲"杜弟道蕩"就變爲去聲了。《廣韻》中的全濁聲母一共有十個，上文已多次提及，即：並(奉)[b-]、定[d-]、澄[ɖ-]、從[dz-]、邪[z-]、崇[dʒ-]、船[dʑ-]、禪[ʑ-]、群[g-]、匣[ɣ-]。這十個全濁聲母的上聲字，今天普通話都讀作去聲：

全濁聲母	例字
並	部、薄、倍、被、鮑、辨、伴、笨、棒
奉	父、婦、負、犯、憤
定	惰、待、怠、稻、淡、誕、斷、盾、動
澄	柱、雉、趙、肇、紂、朕、丈、仲、重
從	坐、聚、在、罪、造、漸、踐、盡、靜
邪	序、叙、緒、祀、似、象、像
崇	士、柿、撰
船	甚
禪	社、豎、是、氏、紹、受、善、腎、上
群	巨、距、技、跪、咎、件、鍵、近、菌
匣	禍、下、户、亥、蟹、浩、厚、撼、項

這一變化大約在唐代就開始了，只是在韻書中明確將全濁上聲字和去聲字排在一起的，最早的則是元代的《中原音韻》。

第三，入派四聲。這是指古入聲字分别歸入現代普通話的陰平、陽平、上聲、去聲四類之中。入派四聲的規律性不是很強，其中較明顯的是全濁聲母的入聲字歸入陽平，次濁聲母的入聲字歸入去聲。但是清聲母的入聲字在現代普通話中歸入陰平、陽平、上聲、去聲的都有，所以演變規律並不明顯。具體情況是，全濁入聲變陽平，比如"白"（並母）、"讀"（定母）、"絕"（從母）；次濁入聲變去聲，如"辣"（來母）、"滅"（明母）、"熱"（日母）。至於清入聲字，則變為今天普通話陰平、陽平、上聲、去聲四個聲調的都有，如"七"（清母）、"失"（書母）、"昔"（心母）今讀陰平調，"吉"（見母）、"德"（端母）、"節"（精母）今讀陽平調，"北"（幫母）、"谷"（見母）、"鐵"（透母）今讀上聲，"赤"（徹母）、"質"（章）、"客"（溪母）今讀去聲。

值得一提的是，元代周德清《中原音韻》裏，入派四聲的規律是很整齊的。除了全濁、次濁也如今天普通話一般分別歸入陽平與去聲以外，全清與次清聲母都整齊地全歸入上聲。這就是所謂的"入派三聲"。比如以上所舉的"七失昔"（今讀陰平）、"吉德節"（今讀陽平）、"北谷鐵"（今讀上聲）、"赤質客"（今讀去聲），這些字在《中原音韻》都讀作上聲。

由於入聲消失，並且分別派入陰平、陽平、上聲、去聲四個聲調中，與原屬該聲調的字混了，尤其加上清入聲字演變無規律性，所以對於無入聲方言區的人來說，要從今讀來掌握古入聲字就比較困難了。以下簡要列出可以幫助從今讀分辨古入聲字的幾條規則：

一、聲母是不送氣的塞音和塞擦音而讀陽平的字，絕大多數來自古代入聲。普通話不送氣的塞音和塞擦音，包括[p]、[t]、[k]、[ts]、[tɕ]、[tʂ]，如：

[p]	白、拔、薄、別、博、伯、帛
[t]	達、狄、德、奪、敵、讀、獨
[k]	革、國、格、隔、閣
[ts]	卒、責、族、雜、足、則、澤
[tɕ]	截、疾、節、絕、菊、吉、覺
[tʂ]	哲、轍、直、軸、濁、燭、竹

二、[ye]韻母的字大多數來自古代入聲。如"虐、略、確、學、月、絕、穴"。

三、[uo]韻母和捲舌聲母相拼的字，來自古代入聲。如"酌、桌、琢、綽、說、若、弱"。

四、[ɤ]韻母和古端、精二組聲母相拼的字，大都來自古代入聲。如"得、特、訥、樂、澤、側、色、瑟"。

五、[ie]韻母和幫組、端組聲母相拼的字,來自古代入聲。如"憋、蔑、跌、帖、捏、列、劣"。

六、聲母 [f]、[ts]、[tsʰ]、[s]和[a]韻母相拼的字,來自古代入聲。如"發、法、罰、扎、擦、撒、薩"。

七、一些開韻尾的有文白兩讀,而又沒有意義上區別的,往往是入聲字。如"色"既讀作[sə](文讀),又讀作[ṣai](白讀),因此可以肯定"色"是個古入聲字。其他有兩讀的字還有如"擇、角、脈、削、落"都是屬於古入聲字。

綜合自測練習

一、名詞解釋
    1. 韻類 2. 等呼   3. 照二、照三 4. 假二等   5. 假四等
    6. 重紐 7. 十六攝 8. 平分陰陽 9. 入派四聲 10. 全濁上變去

二、填空題
    1.《廣韻》重紐的九個韻是_____、_____、_____、_____、_____、_____、_____、_____、_____。
    2.《廣韻》的韻目數量是_____,《切韻》的韻目數量是_____,《刊謬補缺切韻》的則是_____。
    3. 根據我們的分析,《廣韻》一共有_____個韻類,經過分析而歸併為_____個韻母。
    4. 韻攝是按照_____相同,_____相近來進行歸併的。
    5. "十六攝" 分別是_____。
    6.《廣韻》的韻母按照韻尾的不同,可以分為三類,即_____、_____、_____。
    7. "現代詩韻"的十八部是_____。
    8. "平分陰陽"的規律是_____為陰平調,_____為陽平調。
    9.《廣韻》入聲派入現代普通話的四聲,其基本規律是_____派入陽平調,_____派入去聲,_____派入陰平、陽平,_____派入上聲、去聲。
    10.《中原音韻》入派三聲的規律性很強,即_____派入陽平調,_____派入上聲,_____派入去聲。

三、問答題

1. 從陳澧到後來高本漢、周祖謨等人，對《廣韻》韻類數目的結論都不一致，其中主要的原因是什麼？

2. 請舉例解釋《廣韻》與《切韻》的韻目數量不同，但却仍然認爲它們的音系是相同的原因。

3. 請簡述聲母分"等"的原因及其性質。

4. 什麼是"韻攝"？請默寫十六攝的名稱，及其各自所包含的《廣韻》的韻目。

5. 什麼是"假二等"？什麼是"假四等"？請舉例說明造成這一現象的原因。

6. 請舉例簡述《廣韻》到現代普通話韻尾演變的一般情況。

7. 從普通話中辨識古入聲字的基本規律有哪幾條？請各舉例說明。

8. 古今聲調演變的總體規律有哪幾條？請各舉例說明。

9. 請從《韻鏡》中查出下列詩中各字的音韻地位：

過故人莊　　孟浩然
故人具雞黍，邀我至田家。
綠樹村邊合，青山郭外斜。
開筵面場圃，把酒話桑麻。
待到重陽日，還來就菊花。

望嶽　　杜甫
岱宗夫如何，齊魯青未了。
造化鐘神秀，陰陽割昏曉。
蕩胸生曾雲，决眥入歸鳥。
會當凌絕頂，一覽眾山小。

10. 請注出下列詩中各字的《廣韻》聲母、韻母、等呼和聲調：

旅夜書懷　　杜甫

細草微風岸，危檣獨夜舟。
星垂平野闊，月湧大江流。
名豈文章著，官因老病休。
飄飄何所似，天地一沙鷗。

賦得古原草送別　　白居易

離離原上草，一歲一枯榮。
野火燒不盡，春風吹又生。
遠芳侵古道，晴翠接荒城。
又送王孫去，萋萋滿別情。

遣懷　　杜牧

落魄江南載酒行，楚腰腸斷掌中輕。
十年一覺揚州夢，贏得青樓薄倖名。

第八節　《廣韻》音系的構擬

學習目標：什麼是古音構擬
　　　　　　構擬古音所利用的材料及其使用方法
　　　　　　高本漢的古音構擬工作
　　　　　　歷史比較法的運用

重要知識點總結：

- 古代音韻學家主要做的是區分音類的工作，雖然也對各音類之間的讀音及遠近關係有些論述，但終究沒有進行系統地構擬音值工作。
- 古代語音系統的構擬音值工作是從20世紀初開始的，而且主要是受了西方現代語言學的思潮影響下開始的。
- 高本漢是第一個運用歷史比較法給《廣韻》音系進行系統地構擬工作的人。他的研究成果《中國音韻學研究》對漢語音韻學的發展起了重要的作用。

- 高本漢在進行構擬音值時，利用的材料包括韻書及韻圖，最重要的是現代漢語方言和包括日本、朝鮮、越南在內的漢字借音。
- 高本漢的構擬工作根據的是歷史比較法的原則。構擬古音時使用的歷史比較方法就是通過親屬語言或者方言之間的比較，從彼此的對應關係中發現歷史演變規律，並且經過分析得出較早的原始形式。
- 歷史比較法的重要原則在於語音的演變都是有條件的。這種條件可以是時間的、地點的，或者是語音結構內部的。
- 構擬古音，只是一種科學的假設，絕不能認定就是當時的實際讀音。

重點和難點學習提示：

　　音韻學的研究包括兩方面：一是音類的區分；一是古音的構擬。古代的音韻學家主要做的是區分音類的工作，雖然也對各音類之間的讀音及遠近關係有些論述，但終究沒有進行系統地構擬音值工作。比如段玉裁的古韻十七部按照彼此關係的遠近來排列，應該說他腦子裏是有個模糊的古韻音值的概念的，但是畢竟沒有做出系統的科學的音值構擬。這主要的原因是歷史的局限，因為古人不懂得科學的構擬方法，也還沒有一套記音符號來進行這項工作。

　　一直到 20 世紀初，受了西方現代語言學思潮的影響後，真正的古代語音系統的構擬音值工作才算是正式開始了。最早對《廣韻》音系進行系統的科學的構擬工作的，是瑞典學者高本漢。他運用歷史比較法，經過搜集三十三種現代漢語方言材料進行綜合分析和比較，系統地構擬了《廣韻》的音系。自 1915 至 1926 年，他陸續發表專著《中國音韻學研究》，後來趙元任、李方桂和羅常培翻譯成中文，1940 年由商務印書館出版。這部著作對中國音韻學的發展起了重要的作用。

　　高本漢在構擬音值時利用的材料很多，其中包括古代韻書及韻圖，最重要的是現代漢語方言和包括日本語、朝鮮語、越南語在內的漢字借音。

　　高本漢構擬古音的重要方法就是歷史比較法。歷史比較法就是通過各種親屬語言或方言的系統比較，得出彼此的對應關係。並且進而分析其語音演變的規律。歷史比較法的重要原則在於，語音的演變都是有條件的。這種條件可以是時間的、地點的，或者是語音結構內部的。構擬古音時使用的歷史比較方法就是通過親屬語言或者方言之間的比較，從彼此的對應關係中發現歷史演變規律，並且經過分析得出一個原始形式。比如構擬《廣韻》的見母，因為《廣韻》的見母能與一、二、三、四等的韻母相配，如

"干、間、建、見",所以它具備了四個等。比較各地方言的讀音,發現北京、漢口一等念 [k]、二三四等念 [tɕ];南昌一二等念 [k]、三四等念 [tɕ];蘇州二等有 [k]、[tɕ]二讀;廣州、福州和日本吳音、漢音以及朝鮮借音,各等都念 [k];越南借音一三四等念 [k]、二等念 [z]。

例字	《廣韻》	北京	漢口	南昌	蘇州	廣州	福州	日本吳音	日本漢音	朝鮮	越南
干	寒開一	kan	kan	kɔn	kø	kɔn	kaŋ	kan	kan	kan	kaŋ
間	山開二	tɕian	tɕian	kan	tɕ KE	ka:n	kaŋ	ken	kan	kan	zaŋ
建	元開三	tɕian	tɕian	tɕian	tɕ	kin	kyoŋ	kuan	ken	kən	kien
見	先開四	tɕian	tɕian	tɕian	tɕ	kin	kieŋ	ken	kan	kien	kien

綜合各地讀音,似乎《廣韻》的見母可以是 [k]或 [tɕ],也可以是 [z]。但經過分析,把《廣韻》的見母構擬爲 [k]是最符合實際的。因爲這樣最能解釋各地讀音的歷史演變,而且 [k]在三四等 [-i-]介音的影響下發生腭化終於變成 [tɕ-]也最符合音理。

再看一個韻母構擬的例子,以"歌"韻爲例。《廣韻》的歌韻屬於果攝開口一等,其反切下字只有一類。從現代漢音方言及日本、朝鮮、越南借音來看,其韻母包括 [ə]、[o]、[ɔ]、[a]、[u]、[ua]等。請看以下列出的讀音表:

例字	北京	漢口	蘇州	上海	廣州	梅州	廈門	福州	日本吳音	日本漢音	朝鮮	越南
歌	kɤ	ko	kəu	ku	kɔ	kɔ	ko kua	kɔ	ka	ka	ka	ka
河	xɤ	xo	ɦəu	hu	hɔ	hɔ	ho	xɔ	ga	ka	ha	ha
我	uo	ŋo	ŋəu	ŋu	ŋɔ	ŋɔ	ŋō gua	ŋɔ ŋuai	ga	ga	a	ŋa
多	tuo	to	təu	tu	tɔ	tɔ	to	tɔ	ta	ta	ta	ta
左	tsuo	tso	tsəu	tsu	tsɔ	tsɔ	tsɔ	tsɔ	sa	sa	tsua	da
他	tʰa	tʰa	tʰɒ	tʰɒ tʰu	tʰa	tʰa	tʰo	tʰa	ta	ta	tʰa	tʰa

經過分析則認爲將《廣韻》歌韻構擬爲 [ɑ]是最符合實際的。因爲歌韻是開口一等,主元音應該是較低較後的洪音,而且構擬爲後低元音 [ɑ]也最能解釋現代各地讀音的演變情況。

最後，必須說明的一點是，古音構擬只是一種科學的假設。通過構擬古音可以幫助我們瞭解古代語音系統的情況，也能幫助我們解釋古今音變的規律，但是絕不能認定這就是當時的準確讀音。

下面舉一首唐詩爲例，按照《廣韻》聲韻調系統的構擬來進行擬音：

鳥鳴澗(《皇甫嶽雲溪雜題五首》之一)　　王維

人	間	桂	花	落
₌ȵǐĕn	₌kæn	kiwei°	₌xwa	lɑk₌

夜	靜	春	山	空
jĭa°	₌dzǐĕŋ	₌tɕʰǐuĕn	₌ʃæn	₌kʰuŋ

月	出	驚	山	鳥
ŋǐwat₌	tɕʰǐuĕt₌	₌kǐaŋ	₌ʃæn	₌tieu

時	鳴	春	澗	中
₌ʑǐ	₌mǐaŋ	₌tɕʰǐuĕn	kan°	₌tǐuŋ

第九節　《廣韻》反切的規律

學習目標：《廣韻》音系的應用
　　　　　　古反切與今讀不同的原因
　　　　　　古反切折合成今音的規則

重要知識點總結：

- 研究《廣韻》的音系是爲了古爲今用。這可以從三方面來看：一、可以幫助學好現代漢語語音，從歷史演變規律去認識現代漢語語音的結構規律；二、可以運用到古代漢語的學習中去；三、可以結合古今音變規律，幫助認識古反切的問題。
- 由於語音的歷時變化，古代的反切已經不能完全拼讀成現代的讀音。
- 將古反切拼讀成今音需要結合古今音變的規律。這主要有四個方面：一、古濁聲母影響着聲調的變化和送氣不送氣的問題；二、捲舌聲母影響着韻母的洪細；三、精見兩組聲母的反切拼讀受着韻母洪細的影響；四、唇音的反切存在開合口和輕重唇的問題。

重點和難點學習提示：

研究《廣韻》的音系是爲了古爲今用，同時在運用的過程中，也能夠加深我們對《廣韻》音系的理解。對於《廣韻》音系的運用，可以從三方面來看：

第一，可以幫助學好現代漢語語音，從歷史演變規律去認識現代漢語及各地方言語音的結構特點。同時也可以運用這方面的知識來幫助我們進行方言調查。

第二，可以運用到古代漢語的學習中去。這可以從兩方面來看：一是理解古典詩歌的格律，瞭解其用韻和平仄；二是可以解決古書中通假字的問題。

第三，可以結合古今音變規律，幫助認識古反切的問題。這其實也是學習古代漢語的需要，因爲古書大都是用反切來注音的。

但是由於古今音變的關係，古反切很多都無法直接拼讀出現代讀音。所以我們必須結合古今音變的規律。這個問題如果仔細分析起來，是非常複雜的。殷煥先先生的《反切釋要》作過詳細的研究。這裏只從大的規律上來進行四個方面的分析：

第一，古濁聲母影響着聲調的變化和送氣不送氣的問題。這裏又有三條規律：

一、平聲字的反切，被切字是陰平還是陽平，由反切上字的清濁來決定。如"盆，蒲奔切"，雖然切下字"奔"是陰平調的，但由於切上字"蒲"是全濁聲母，所以被切字就是陽平調的"盆"，而不是陰平調的"噴"。

二、切上字是全濁塞音或者塞擦音聲母，切下字若是平聲，那麼被切字就是送氣的；如果切下字是仄聲，那麼被切字就是不送氣的。比如"壇，徒干切"，切下字"干"是平聲字，而切上字"徒"是全濁塞音聲母，所以被切字"壇"就是送氣的，並且是陽平調。相反，如"度，徒故切"，切下字"故"是仄聲，而切上字"徒"是全濁塞音聲母，所以雖然切上字今讀是送氣的，但被切字仍是不送氣的"度"。

三、切上字如果不是全濁聲母，而切下字是全濁上聲（依今讀已是去聲），那麼被切字則應該恢復爲上聲。比如"苦，康杜切"，切上字"康"是清聲母,而切下字"杜"原是全濁上聲字而今讀去聲,所以被切字仍應該讀作上聲的"苦"。同樣,比如"古,公戶切",切上字"公"也是清聲母,而切下字"戶"原是全濁上聲字而今讀去聲,所以被切字仍應該讀作上聲的"古"。

　　第二,捲舌聲母影響着韻母的洪細。這裏也有兩條規律:

　　一、如果切上字是今讀捲舌聲母,而切下字是細音,那麼被切字要改讀洪音。而改讀的規則則是撮口呼變成合口呼,齊齒呼變成開口呼。比如"豬,陟魚切",切上字"陟"是捲舌聲母,切下字"魚"是細音的撮口呼,所以被切字應該改讀合口呼的"豬"。再比如"齒,昌裏切",切上字"昌"是捲舌聲母,切下字"裏"是細音的齊齒呼,所以被切字應該改讀開口呼的"齒"。

　　二、若反切下字是捲舌聲母,反切上字是今讀細音的,被切字則要改讀爲細音。比如"基,居之切",切下字"之"是捲舌聲母,切上字"居"是細音,所以被切字應該改讀細音的"基"。又如"利,力至切",切下字"至"是捲舌聲母,切上字"力"是細音,所以被切字應該改讀細音的"利"。

　　第三,精、見兩組聲母的反切拼讀受着韻母洪細的影響。這裏也有兩條規律:

　　一、如果切上字是精、見組聲母,而切下字是細音,那麼被切字就要改讀 [tɕ、tɕʰ、ɕ]。比如"艱,古閑切",切上字"古"是見母,切下字"閑"是細音,所以被切字要改讀 [tɕ]聲母的"艱"。再比如"涓,古玄切",切上字"古"是見母,切下字"玄"是細音,所以被切字要改讀 [tɕ]聲母的"涓"。

　　二、如果切上字是 [tɕ、tɕʰ、ɕ]聲母,而切下字是洪音,那麼被切字則要改讀見組聲母 [k、kʰ、x],或者精組 [ts、tsʰ、s]。比如"鑽,借官切",切上字"借"是 [tɕ]聲母,切下字"官"是洪音,那麼被切字需要改讀。而由於"借"是古精母字,所以應該要改讀爲 [ts]聲母的"鑽"。再比如"歸,舉威切",切上字"舉"是 [tɕ]聲母,而且屬於古見母,切下字"威"是洪音,那麼被切字要改讀爲 [k]聲母的"歸"。

　　第四,脣音的反切存在開合口和輕重脣的問題。這也可以從三方面來看:

　　一、切上字是脣音 [p、pʰ、m、f],切下字是合口呼或撮口呼,被切字就要變讀爲開口呼或齊齒呼。如"杯,布回切",切上字"布"是脣音,切下字"回"是合口呼,那麼被切字就要改讀爲開口呼的"杯"。又如"敏,眉殞切",切上字"眉"是脣音,切下字"殞"是撮口呼,那麼被切字就要改讀爲齊齒呼的"敏"。

　　二、切下字是脣音,而切上字是合口呼或撮口呼,被切字往往是合口呼。如"對,都佩切",切下字"佩"是唇音,切上字"都"是合口呼,那麼被切字就是合口呼"對"。又如"威,於非切",切下字"非"是唇音,切上字"於"是撮口呼,那麼被切字就是合口呼"威"。

三、關於唇音的輕重問題。一般來説,反切上下字皆輕唇則被切字還是讀輕唇,而上下字皆重唇則被切字也還是讀重唇。但是如果切上字是輕唇,下字是重唇,則被切字往往讀重唇。如"奔,甫悶切",切上字"甫"是輕唇,切下字"悶"是重唇,那麼被切字就讀重唇的"奔"。又如"悲,府眉切",切上字"府"是輕唇,切下字"眉"是重唇,那麼被切字就讀重唇的"悲"。

綜合自測練習

一、名詞解釋
　　1.《中國音韻學研究》　　2. 歷史比較法　　3. 古音構擬

二、反切練習(一)
　　查出下列反切中切上字屬於三十六字母的哪個字母及其清濁,和切下字所屬《廣韻》中的韻目及其聲調,最後再拼寫出下列反切的現代普通話讀音:

古華切	户公切	他計切	五口切	普班切	奴丁切
防無切	徒郎切	苦哀切	居偉切	息兩切	于貴切
他浩切	盧皓切	古厚切	古賢切	烏開切	如延切
章魚切	人質切	而主切	止遙切	莫報切	書九切
常演切	武兵切	傷魚切	侯古切

三、反切練習(二)
　　請拼寫出下列反切的現代普通話讀音,並指出其中包含哪些語音演變規律:

徒歷切	敷方切	古項切	徒玩切	失入切	乘力切
傍陌切	步項切	苦江切	資昔切	則前切	直六切
五角切	與職切	莫白切	下革切	他括切	户皆切
渠綺切	徒禮切	古孝切	苦曷切	良薛切	古斬切
昨宰切	呼罪切	七然切	私閏切

四、請給下列詩中各字按照《廣韻》音系構擬中古音：

九月九日憶山東兄弟　王維

獨在異鄉爲異客，每逢佳節倍思親。
遙知兄弟登高處，遍插茱萸少一人。

春望　杜甫

國破山河在，城春草木深。
感時花濺淚，恨別鳥驚心。
烽火連三月，家書抵萬金。
白頭搔更短，渾欲不勝簪。

烏衣巷　劉禹錫

朱雀橋邊野草花，烏衣巷口夕陽斜。
舊時王謝堂前燕，飛入尋常百姓家。

第四章　漢語音韻學簡史

學習內容提要：

　　本章講授音韻學的歷史，分兩節。第一節介紹上古音的研究情況。所謂"上古音"就是指先秦兩漢的語音。研究這時期的韻部系統是以《詩經》及其他先秦韻文和形聲字為主要材料，研究聲母系統的材料則比較複雜，其中包括形聲字和通假、異文等等。本節還介紹了王力的上古音研究成果。第二節則介紹《廣韻》及後所出現的韻書，並對其特點和價值進行簡述，其中著重介紹《平水韻》和《中原音韻》。

教學目的和要求：

　　先秦兩漢時期的上古音是音韻學研究四大部門之一，也是清代音韻學研究最主要的方面。清代學者在古音研究上所取得的成就是非常顯著的，不論從研究方法或者得出的結論來看都有許多值得稱道的地方。回顧清代學者的古音研究，瞭解其中的得失，對於掌握音韻學——不僅僅是上古音——的研究方法，熟悉音韻學研究的材料，都是很有幫助的，同時也能從中獲得不少啟發。本章還要求大致瞭解王力的上古音系統。魏晉以後，韻書開始產生，所以中古音以及近代音階段的音韻學研究很大程度上有賴於這些韻書材料的使用。《廣韻》是中古漢語語音系統的代表著作，其後隨著語音變化，出現了一些如根據不同時代、地域的語音特點重新編纂的韻書，如《中原音韻》、《韻略易通》等等。同時也有一些後出的韻書卻在很大程度上的保留了傳統韻書的一些語音特點，如《禮部韻略》、《五音集韻》、《洪武正韻》等。這些韻書材料在音韻學研究上的使用都有其特定範圍與方法，熟悉這些材料的特點及其應用範圍也是非常重要的。

重要名詞概念：

上古音	上古韻部	上古聲母	上古聲調	陳第
顧炎武	江永	段玉裁	戴震	考古派
審音派	錢大昕	古無輕唇音	複輔音	長入、短入
同用、獨用	平水韻	周德清	《中原音韻》	《洪武正韻》
《韻略易通》	《早梅詩》	十三轍	同諧聲者必同部	

教學建議：
- 本教材重點講解《廣韻》音系。這是音韻學的基礎。本章的講授內容可根據教學需要和時間進行安排，可詳可略。
- 本章討論的是音韻學四個部門中的"上古音"和"近代音"。二者所用的材料性質不同，因此研究方法也不一樣。本章除了介紹前人的一些研究成果以外，更重要的是講解如何利用這些材料來進行研究。因此，分析這些研究材料的性質及其研究方法非常重要。
- 上古音的韻部研究主要利用《詩經》押韻的材料。在這一方面，古代音韻學家，尤其清代學者都做了許多很有價值的工作，非常值得我們借鑒與參考。至於聲母的研究則用的主要是諧聲字、古書音注、異文等材料。瞭解這些材料的性質以及如何利用它們進行研究，這是學習這一部分內容的一個關鍵。
- 近代音所用的研究材料種類比較多，主要的有《廣韻》以後的歷代韻書、韻圖、戲曲等比較能夠反映實際語音的韻文作品、現代漢語方言，等等。尤其是歷代韻書，由於古人崇古觀念很深，所以這些韻書都不盡是反映一時一地的語音系統的。因此徹底弄清這些韻書的音系性質是研究的關鍵。而要弄清它們的音系性質，就不得不先瞭解《廣韻》後韻書發展的一個脈絡，韻書與韻書之間的繼承關係——有哪些因素是承襲、哪些是革新。

第一節 韻書產生以前的古音研究

學習目標：上古音研究的特點
　　　　　歷代對《詩經》押韻的認識
　　　　　上古韻部的研究
　　　　　上古聲母的研究及其材料

重要知識點總結：
- "古音"指的是韻書產生以前的先秦兩漢時代的語音，即上古音。
- 上古音的研究是從韻部開始的，最主要的材料就是《詩經》的押韻和形聲字。

- 從漢代開始學者就對《詩經》押韻進行探討，陸德明"協句"說和朱熹"叶音"說是其中影響較大的，到明代陳第提出"時有古今，地有南北、字有更革，音有轉移"的發展觀後才把古韻部研究引上正途，同時啟發了顧炎武及其後清代音韻學家的古音研究。
- 清代顧炎武通過對《詩經》及其他先秦韻文中押韻的分析歸納，同時與《廣韻》的韻部進行比較，最終離析《廣韻》，建立了十個韻部的上古韻部系統。
- 顧炎武古音學的最大貢獻就是"離析《廣韻》的韻部"。
- 顧炎武以後的古音學家可以分爲考古派與審音派，其中最大的區別就是審音派的將入聲韻部獨立出來。顧炎武本身是屬於考古派的。
- 顧炎武後的考古派古音學家有：江永在顧炎武的基礎上又細分爲十三部；其後段玉裁分十七部，孔廣森和朱駿聲都是分十八部，王念孫和江有誥都分二十一部，章炳麟則分二十二部。
- 審音派的學者有：戴震分古韻爲二十五部，黃侃分爲二十八部。
- 王力先生《漢語史稿》分古韻爲二十九部，後來他主編的《古代漢語》又增至三十部。
- 除了先秦韻文押韻，古韻學家也利用形聲字即諧聲材料來考證古韻部。其中最重要的是段玉裁，他提出了"同諧聲者必同部"的著名論斷。
- 上古聲母的研究是從錢大昕開始的。他提出了"古無輕唇音"和"古無舌上音"。他使用的材料很多，包括形聲字、通假異文、古書音注、聲訓、古反切。
- 章炳麟運用錢大昕的方法，得出上古"娘"、"日"二母都讀同"泥"母。其後曾運乾又主張"喻₃"歸"匣"母、"喻₄"歸"定"母。還有錢玄同、周祖謨二位先生都有各自的研究。
- 王力先生總結前人成果，提出上古三十二聲母的系統。對上古聲母的爭議較大，有許多問題都還沒有結論，尤其如複輔音的問題。
- 上古聲調也爭議較多。王力先生《漢語史稿》提出上古聲調分平入兩類，二者又各分長短，所以是長平、短平、長入、短入四類聲調。

重點和難點學習提示：

"古音"指的是韻書產生以前的先秦兩漢時代的語音，即上古音。上古音的研究是從韻部開始的，最主要的材料就是《詩經》的押韻。由於語音的歷史變化，《詩經》的押韻到後代學人讀起來就已經不和諧了。於是從漢代開始學者就對《詩經》押韻以及字音進行探討，其中影響較大的有隋代陸德明的"協句"說和宋代朱熹的"叶音"說。

所謂"協句"說，其實是六朝以來解釋《詩經》用韻現象的一種說法，因爲按照當時的語音，《詩經》的押韻已經不再和諧，所以學者們提出了"協句"說，即強改字音以遷就當時的讀音。而陸德明的《經典釋文》則收錄了許多這樣的"協句"材料。比如《燕燕》第三章：

燕燕于飛，下上其音。
之子于歸，遠送于南。
瞻望弗及，實勞我心。

韻腳爲"音、南、心"。其中"音、心"屬於《廣韻》侵韻、"南"屬於覃韻，主元音不同。所以《經典釋文》"南"字下注："協句，宜乃林反。"意思是說，按照當時的讀音，"南"字應該是"那含反"[nam]，就不與"音、心"押韻了，所以此處應該改讀作"乃林反"[nim]。

朱熹的"叶音"說是在其《詩集傳》中提出的，他認爲古今讀音差不多，只是《詩經》作者用韻不太嚴格，有時甚至爲了押韻而臨時改讀字音。如上述《燕燕》中的押韻，朱熹就認爲這裏"南"叶音"尼心反"（同"乃林反"），即臨時改讀與"音、心"押韻。

他們的共同缺點都是缺乏語音演變的歷史觀以及語音結構的系統觀，即不能從歷史發展的角度和語音系統的角度來分析《詩經》的押韻與當代語音之間的差異，其結果就是隨意改讀字音。一直到明代，陳第著《毛詩古音考》提出"時有古今，地有南北，字有更革，音有轉移"的發展觀點後才把古韻部研究引上科學的正途，再經過顧炎武等學者的實踐，終於逐步確立了科學的古音學研究方法，從而得出了科學的上古音韻部系統。

陳第的《毛詩古音考》是其古音學代表作。這部著作啟發了顧炎武及其後清代音韻學家的古音研究。顧炎武的古音學著作《音學五書》是清代古音學的開山之作，也是研究古音學的必讀書。他通過對《詩經》及其他先秦韻文中押韻的歸納，同時與《廣韻》的韻部進行比較，最終離析《廣韻》，建立了上古音十個韻部的上古韻部系統。顧炎武古音學的最大貢獻就是"離析《廣韻》的韻部"。

陳第提出了"時有古今，地有南北"的語音歷史發展觀，但在具體分析《詩經》韻部時，却由於固守《廣韻》韻部的劃分，所以往往分韻不細，應該獨立的韻部却没有獨立。尤其他對材料的分析就往往過於簡單化，比如《關雎》第三章：

參差荇菜，左右采之。
窈窕淑女，琴瑟友之。

"采、友"押韻，"采"屬於《廣韻》海韻[-ai]（咍韻上聲），"友"爲有韻[-əu]（尤韻上聲），主元音和韻尾都不一樣。但是，陳第並没有進一步探索這其中的語音演變規律，而是簡單地下結論説"采"上古就讀"此"音、"友"上古就讀"以"音。進一步具有歷史意義的突破性的工作，則由後來的顧炎武所完成。

顧炎武的方法是，利用大量的上古韻文材料，同時參考諧聲材料，找出押韻的一些規律，然后進行與《廣韻》韻部的比較，該合併的合併，該離析的離析。比如上述《關雎》的押韻情況，他廣泛搜集《詩經》中的同類材料，比如：

《周南・芣苢》一章："采采芣苢，薄言采之，采采芣苢，薄言有之。"這裏"采、有"押韻。

《小雅・六月》六章："吉甫燕喜，既多受祉。來歸自鎬，我行永久。飲御諸友，炰鱉膾鯉。侯誰在矣，張仲孝友。"這裏的韻脚爲"喜、祉、久、友、鯉、矣、友"。

另外，還有《小雅・沔水》一章"海、止、友、母"押韻，《邶風・匏有苦葉》四章"子、否、否、友"押韻，《秦風・終南》一章"梅、裘、哉"押韻，《小雅・十月之交》五章"時、謀、萊、矣"押韻，《王風・君子于役》一章"期、哉、塒、來、思"押韻，《衛風・氓》一章"蚩、絲、絲、謀、淇、丘、期、媒、期"押韻。

如此眾多的同類材料就表明了這絕不是偶然的現象，而且這些韻脚字的現代讀音包括很多，如[ai]、[əu]、[iəu]、[i]、[ei]、[ɿ]、[ʅ]、[u]，等等。但既然它們在《詩經》中互相押韻，就表示它們在上古時候的主元音應該是相同的，即它們屬於上古的同一個韻部。這就是顧炎武古韻十部的第二部，其中就包含了離析《廣韻》的支韻和尤韻，即按照《詩經》的實際押韻情況，將這兩韻分爲兩部分，分別歸入上古的不同韻部。

顧炎武就是這樣，通過《詩經》的實際用韻以及形聲字相結合研究，發現了《廣韻》的許多韻部在上古音階段其實是分開的，於是就進行"離析《廣韻》韻部"的工作。應該説，這在上古音韻部的研究上是一個非常大的貢獻。而應該説從顧炎武開始的古音學家在研究上古韻部時基本都是按照同樣的方法進行研究的,只是後來的學者對上古韻部的劃分就越來越細,這可以説很大程度正是出於對《廣韻》韻部離析得越來越精細的結果。

顧炎武所離析的《廣韻》韻部有支、尤、麻、庚四部。具體分布如下:

第一部:東冬鍾江

第二部:脂之微齊佳皆灰咍支半尤半

第三部:魚虞模侯麻半

第四部:真諄臻文欣元魂痕寒桓刪山先仙

第五部:宵蕭肴豪幽尤半

第六部:歌戈麻半支半

第七部:陽唐庚半

第八部:耕清青庚半

第九部:蒸登

第十部:侵覃談鹽添咸銜嚴凡

顧炎武所分的古韻十部,其中入聲是不獨立的,而是併入了陰聲韻部。其後的古音學家根據入聲是否獨立可以分爲考古派與審音派。比如顧炎武後的考古派古音學家有:江永在顧炎武的基礎上又細分爲十三部;其後段玉裁分十七部,孔廣森和朱駿聲都是分十八部,王念孫和江有誥都分二十一部,章炳麟則分二十二部。而審音派的學者則將入聲韻部獨立出來,所以分部數較多,如戴震分古韻爲二十五部,黃侃分爲二十八部。

王力先生在《漢語史稿》中分古韻爲二十九部,後來他主編的《古代漢語》又增至三十部。這三十部又可分爲十一類,按照陰、陽、入排列如下:

	陰聲韻	入聲韻	陽聲韻
第一類	之[ə]部	職[ək]部	蒸[əŋ]部
第二類	幽[u]部	覺[uk]部	冬[uŋ]部
第三類	宵[o]部	藥[ok]部	
第四類	侯[ɔ]部	屋[ɔk]部	東[ɔŋ]部
第五類	魚[a]部	鐸[ak]部	陽[aŋ]部
第六類	支[e]部	錫[ek]部	耕[eŋ]部
第七類	脂[ei]部	質[et]部	真[en]部
第八類	歌[ai]部	月[at]部	元[an]部
第九類	微[əu]部	物[ət]部	文[ən]部
第十類		緝[əp]部	侵[əm]部
第十一類		盍[ap]部	談[am]部

前面提到過顧炎武參用形聲字,終於離析《廣韻》的韻部。所以除了先秦韻文押韻以外,形聲字即諧聲材料,也是考證古韻部的一種很重要的材料。而在使用諧聲材料上,段玉裁最爲系統,並提出了"同諧聲者必同部"的著名論斷。這也是清代古音學的一項重要的貢獻。比如《詩經·小雅·庭燎》:

> 夜如何其?夜未央,庭燎之光。君子至止,鸞聲將將。
> 夜如何其?夜未艾,庭燎晣晣。君子至止,鸞聲噦噦。
> 夜如何其?夜鄉晨,庭燎有煇。君子至止,言觀其旂。

一章韻腳"央、光、將",二章韻腳"艾、晣、噦",三章韻腳"晨、煇、旂"。押韻的格式很整齊。一章三字都屬陽聲韻,即上古韻陽部;二章三字都屬上古入聲韻月部;然而三章三個韻腳字,按照今讀,"晨"是陽聲韻、"煇、旂"是陰聲韻,彼此不協韻。但我們如果分析其諧聲偏旁,"煇"從"軍"聲、"旂"從"斤"聲,二者的聲符都是陽聲韻,所以通過這一處押韻,可以知道《詩經》的"晨、煇、旂"仍同屬於上古陽聲韻文部。

上古聲母的研究是從錢大昕開始的。由於《詩經》及其他先秦韻文的押韻材料只提供了韻部信息,而無法用來考證上古聲母,所以研究上古聲母的材料是比較零散的。這就爲上古聲母的研究帶來了一定的困難:一方面是材料比較複雜多樣,另一方面是材料一般不成系統。由於材料比較不集中,所以需要研究者多方去搜集。但是也正由於材料不集中,沒有像《詩經》那樣成系統的材料,所以對於多方搜集來的材料都需要進行一番嚴格的甄別。比如材料本身的性質、其時地因素等等都需要特別注意。

錢大昕提出了"古無輕唇音"和"古無舌上音",即上古只有重唇"幫、滂、並、明"而沒有輕唇"非、敷、奉、微";只有舌頭"端、透、定、泥"而沒有舌上"知、徹、澄、娘"。他的最大貢獻就在於提供了一個研究上古聲母的方法,尤其是對於材料的使用。舉"古無輕唇音"爲例,他的考證是分兩步做的,首先證明上古輕重唇不分,其次再證明上古有重唇而無輕唇。在第一步驟裏,他使用的材料很多,包括形聲字、通假異文、古書音注、聲訓、古反切。比如形聲字,"非"是輕唇音字,從"非"得聲的字有重唇的"輩"字;通假異文,如《詩經》中的"匍匐",《禮記》引作"扶服","匍"是重唇、"扶"是輕唇;古書音注,《尚書大傳》鄭玄注"播,讀爲藩","播"是重唇、"藩"是輕唇;聲訓,如《詩經》鄭玄箋"靡,無也","靡"是明母、"無"是微母;古反切,這在以前舉過,如《廣韻》"悲,府眉切","悲"是重唇、"府"是輕唇。據此就證明了上古的唇音是不分輕重唇的，但是上古的唇音是讀作重唇還是輕唇仍需要進一步考證。這就是錢大昕的第二步驟，他主要以方音來證明，如南方一些方言輕重唇不分，其唇音字大都讀作重唇音。還有對音材料，如梵文 buddha，古代譯作"浮屠"或"浮圖"。現代念輕唇音[f]的"浮"對譯重唇[b]。由此證明"古無輕唇音"。但這方面的證據他却利用得不夠充分，今人爲其補充不少，并且明確提出現代漢語方言中只存在"有重唇、無輕唇"的類型而不存在"有輕唇、無重唇"的類型，所以肯定了先有重唇音，而輕唇音是從重唇音分化出來的。

後來，章炳麟也運用錢大昕的方法，得出上古"娘"、"日"二母都讀同"泥"母。其後曾運乾又主張"喻₃"歸"匣"母、"喻₄"歸"定"母。還有錢玄同、周祖謨二位先生都有各自的研究。王力先生總結前人成果，提出上古三十二聲母系統。即：

唇　音：幫(非)[p]、滂(敷)[pʰ]、並(奉)[b]、明(微)[m]
舌　音：端(知)[t]、透(徹)[tʰ]、喻₄[dʰ]、定(澄)[d]、泥(娘)[n]、來[l]
　　　　章[ʨ]、昌[ʨʰ]、船[ʥ]、書[ɕ]、禪[ʑ]、日[ɲ]
齒　音：精[ts]、清[tsʰ]、從[dz]、心[s]、邪[z]
　　　　莊[tʃ]、初[tʃʰ]、崇[dʒ]、生[ʃ]
牙喉音：見[k]、溪[kʰ]、群[g]、疑[ŋ]
　　　　曉[x]、匣(喻₃)[ɣ]、影[ø]

對上古聲母的結論，學術界的爭議還比較大，有許多問題都還沒有定論。其中尤以複輔音聲母的問題爭論得比較厲害。

上古聲調問題也爭議較多。這主要是因爲《詩經》押韻中聲調之間的互押情況較多，所以從顧炎武開始對於聲調問題就沒有定論。因此顧炎武主張"四聲一貫"，即上古也有四聲，只是在詩歌押韻中由於詠唱而可以通押。後來段玉裁主張上古無去聲，只有平上入三個聲調，孔廣森則認爲上古無入聲，只有平上去三聲。黃侃甚至主張上古只有平入兩個聲調。王力先生《漢語史稿》提出上古聲調分平入兩類，二者又各分長短，所以是長平、短平、長入、短入四類聲調。

第二節 《廣韻》以後的韻書

學習目標：《廣韻》的"同用"和"獨用"
劉淵的《壬子新刊禮部韻略》和王文郁《平水新刊韻略》
"平水韻"一百零六韻
周德清《中原音韻》
《洪武正韻》
《韻略易通》和《早梅詩》
十三轍

重要知識點總結：
- 由於《切韻》分韻太細，後來爲了便於作詩押韻，容許相近的韻可以通押，稱爲"同用"，而那些不能和別的韻通押的韻，則稱爲"獨用"。
- 《廣韻》的二百零六韻，如果將允許"同用"的韻加以歸併，那麼實則只有一百六十韻。而晚於《廣韻》三十年編成的《禮部韻略》在《廣韻》"同用、獨用"的基礎上，進一步歸併成爲一百零七韻。而此前金人王文郁所編《平水新刊韻略》則已併爲一百零六韻。王文郁的一百零六韻就是後來影響深遠的"平水韻"。
- "平水韻"是元明以後作詩押韻及講求平仄格律的標準，就連許多按韻編排的工具書如《佩文韻府》、《經籍籑詁》都是按照平水韻的。可是因爲平水韻主要是在《廣韻》分韻的基礎上歸併而成，不是完全依據口語，所以有的地方仍脫離實際語言，而且在作詩押韻時容易犯錯，如所謂"該死十三元"——因爲元韻在唐代就已從臻攝轉到了山攝，但"平水韻"仍將它與魂痕韻歸併在臻攝。
- 元代周德清編的《中原音韻》是一部爲作曲押韻用的韻書，其中分韻爲十九部，與《廣韻》的分韻截然不同。另外，其聲母系統據研究有二十五個聲母。《中原音韻》音系已經很接近現代普通話的語音系統了。
- 《中原音韻》的韻母系統表現出以下特點：一、只有陰聲韻和陽聲韻，入聲韻消失；二、產生支思和車遮兩個新的韻部；三、桓歡部和寒山部分立；四、陽聲韻仍是[-m]、[-n]、[-ŋ]三類韻尾分立。其聲母系統的最大特點就是全濁聲母已經清化了。另外，聲調特點是：一、平分陰陽；二、濁上變去；三、入派三聲。
- 《洪武正韻》是明初官方頒定的韻書。但由於其保守性，所以在音韻學史上影響不大。
- 明代蘭茂《韻略易通》是一部重要的韻書，它比較能夠反映當時的實際語音系統，其中以一首《早梅詩》記錄了當時的二十個聲母。
- 清代《圓音正考》是最早記錄尖團音混同的文獻，可見當時精、見二組聲母中各有部分字轉入舌面音的演變已經完成。但這一音變顯然更早於本書的年代。至此現代普通話的聲母系統已經基本成形。
- 明代徐孝《重訂司馬溫公等韻圖經》的韻母系統分爲十三攝，即十三個韻部，與後來的十三轍已經基本一致了。
- 十三轍是北方戲曲押韻所用的韻部，分爲十三部，稱"轍"，即：花發轍、梭波轍、乜斜轍、一七轍、姑蘇轍、懷來轍、灰堆轍、遙條轍、由求轍、言前轍、人辰轍、江陽轍、中東轍。十三轍已經基本同於現代普通話的韻母系統了。

重點和難點學習提示：

前面提到過魏晉以後"音韻蜂出"，直到隋代陸法言編纂《切韻》，得到了廣泛的認同，從而取代其他韻書。到了唐代甚至被定爲科舉考試用書。然而《切韻》的一百九十三韻至《廣韻》的二百零六韻，分韻都過細，而且其中一些韻字數太少，稱爲"窄韻"。所以唐代禮部大臣許敬宗奏請皇帝允許一些相近的韻可以通押，這就是"同用"，而不能通押的韻則只能"獨用"。因此今天所見的《廣韻》韻目下都標注了"同用"、"獨用"。如果將《廣韻》韻目下注明"同用"的韻加以歸併，這樣綜合起來的話，那就是一百六十個韻。

宋代在《廣韻》、《集韻》以外又編修了另一部韻書《禮部韻略》。這部韻書在《廣韻》"同用、獨用"的基礎上進一步進行合併，即將《廣韻》中的十三個窄韻，改爲允許與相鄰的韻部通用。比如"文"韻和"欣"韻，在《廣韻》本來都是"獨用"的，到《禮部韻略》就都允許通押，變成了"同用"了。如此一來，其押韻規定就大大放寬了，具體說，如果將《廣韻》規定通用的韻都合起來，應有一百十六韻，而《禮部韻略》則只有一百零八韻。實際上，後來金代韓道昭的《五音集韻》就是按照《廣韻》同用的韻進行合併，分爲一百六十韻的。到了南宋劉淵編了一部《壬子新刊禮部韻略》又進一步歸併爲一百零七韻，這就是依《禮部韻略》通用的韻進行合併，再進一步將徑韻併入證韻、嶝韻（本同用）。而此前的金人王文郁的《平水新刊韻略》則又編爲一百零六韻，這是又進一步將迥韻併入拯、等二韻。這一百零六韻就是後來影響深遠的"平水韻"。

"平水韻"是元明以後作詩押韻及講求平仄格律的標準，就連許多按韻編排的工具書如《佩文韻府》、《經籍籑詁》都是按照平水韻的。可是因爲"平水韻"主要是在《廣韻》分韻的基礎上歸併而成，不是完全依據口語，所以有的地方脫離實際語言，而且科舉考試中作詩賦容易出韻，如有所謂"該死十三元"——這是因爲元韻在唐代就已從臻攝轉到了山攝，但"平水韻"仍它將與魂痕韻合併在臻攝裏。

詩歌本來是源自於民間的，其與實際口語的關係本來是很密切的，只是一旦經過文人的修飾和人爲規定之後，就脫離了口語。因此如果我們考察宋代的詞、元代的曲，就會發現很多打破傳統押韻要求的地方。如清代戈載《詞林正韻》歸納宋詞用韻，分爲十九部，就與"平水韻"差距很大。

元代周德清編的《中原音韻》是一部爲作曲押韻用的韻書，其中分韻也是分爲十九部。這個《中原音韻》的十九部已經是與《廣韻》的分韻沒有直接關係了，它是比較能夠反映當時實際語音的分韻的。這十九部是：

1. 東鍾 uŋ	2. 江陽 aŋ	3. 支思 ï	4. 齊微 i、ei
5. 魚模 u	6. 皆來 ai	7. 真文 ən	8. 寒山 an
9. 桓歡 ɔn	10. 先天 ien	11. 蕭豪 au	12. 歌戈 o
13. 家麻 a	14. 車遮 e	15. 庚青 əŋ	16. 尤侯 əu
17. 侵尋 əm	18. 監咸 am	19. 廉纖 iem	

《中原音韻》的韻母系統表現出以下特點：一、只有陰聲韻和陽聲韻，入聲韻已消失；二、支思和車遮是兩個新的韻部；三、桓歡部和寒山部分立；四、陽聲韻仍是 [-m]、[-n]、[-ŋ] 三類韻尾分立。

其聲母系統據研究是二十五個聲母，最大的特點就是全濁聲母已經清化了。列表如下：

唇音：幫 [p]、滂 [pʰ]、明 [m]、非 [f]、微 [v]
舌音：端 [t]、透 [tʰ]、泥 [n]、來 [l]
齒音：精 [ts]、清 [tsʰ]、心 [s]
　　　知 [tʃ]、痴 [tʃʰ]、十 [ʃ]、日 [ʒ]
　　　之 [tʂ]、嗤 [tʂʰ]、詩 [ʂ]、兒 [ʐ]
喉牙音：見 [k]、溪 [kʰ]、疑 [ŋ]、曉 [x]、影 [ø]

另外，其聲調特點是：一、平聲根據聲母的清濁變爲平聲陰和平聲陽，即陰平和陽平。二、入聲派入平上去三聲，而且極富規律性，其中全濁變陽平、次濁變去聲、清聲母變上聲。從以上特點可以看出，《中原音韻》音系已經很接近現代普通話的語音系統了。

《洪武正韻》是明初官方頒定的韻書。但由於其保守性，所以在音韻學史上影響不大。比如它的韻母格局仍是陰聲韻、陽聲韻和入聲韻三類，其中陰聲韻和陽聲韻爲二十二部，入聲韻十部，一共三十二個韻部；此外，從它的反切來看，它的聲母系統仍然保留着濁聲母。這都不能說是反映當時實際語音的，很可能是根據當時南曲的用韻而編成的。但是，明代還有一些較能反映當時實際語音的韻書，如蘭茂的《韻略易通》。這是一部重要的韻書，它比較能夠反映當時的實際語音系統，其中以一首《早梅詩》記錄了當時的二十個聲母：東風破早梅，向暖一枝開，冰雪無人見，春從天上來。《早梅詩》所代表的聲母是：[t]（東）、[f]（風）、[pʰ]（破）、[ts]（早）、[m]（梅）、[x]（向）、[n]（暖）、[ø]（一）、[tʂ]（枝）、[kʰ]（開）、[p]（冰）、[s]（雪）、[v]（無）、[ʐ]（人）、[k]（見）、[tʂʰ]（春）、[tsʰ]（從）、[tʰ]（天）、[ʂ]（上）、[l]（來）。

另外，徐孝《重訂司馬溫公等韻圖經》的韻母系統分爲十三攝，即十三個韻部，與後來的十三轍已經基本一致了。十三轍是北方戲曲押韻所用的韻部，分爲十三部，稱"轍"，即：花發轍、梭波轍、乜斜轍、一七轍、姑蘇轍、懷來轍、灰堆轍、遙條轍、由求轍、言前轍、人辰轍、江陽轍、中東轍。十三轍已經基本同於現代普通話的韻母系統了。

清代的《圓音正考》是最早記錄尖團音混同的文獻，可見當時精、見二組聲母中各有部分字轉入舌面音的演變已經完成。但這一音變顯然更早於本書的年代。至此現代普通話的聲母系統已經基本形成。

"五四"以後，現代語言學理論與方法傳入中國，一批學者開始借鑒其方法來研究中國音韻學，從整理傳統音韻學文獻，到考求古代語音系統，再到構擬古代語音，都取得了重大的成果。其中如錢玄同、趙元任、李方桂、羅常培、王力、陸志韋、魏建功、張世祿、董同龢、周祖謨、周法高等先生，都爲建設科學的現代音韻學做出過很大的貢獻。

綜合自測練習

一、名詞解釋
1. 叶音
2. 《毛詩古音考》
3. 離析《唐韻》
4. 考古派
5. 審音派
6. 顧炎武"古韻十部"
7. 古無輕脣音
8. 平水韻
9. 《中原音韻》
10. 《早梅詩》

二、填空題
1. 顧炎武進行古音韻部研究時所離析的《廣韻》韻部有四個,分別是 _____、_____、_____、_____。
2. 陳第《毛詩古音考》中提出的一個觀點,對於古音研究起到了重要的歷史作用。這句話是 _____。
3. 錢大昕研究上古聲母,提出兩點結論,即 _____、_____。
4. 顧炎武的古韻分十部,其後江永分爲 _____ 部,段玉裁分爲 _____ 部,孔廣森分爲 _____ 部,江有誥分爲 _____ 部。
5. 利用諧聲字來研究上古韻部,而提出"同諧聲者必同部"的是 _____。
6. 王力先生的古音系統分爲 _____ 韻部,_____ 聲母,聲調則分爲四個,即 _____、_____、_____、_____。
7. 金代韓道昭《五音集韻》將《廣韻》同用的韻進行合併,全書一共分爲 _____ 韻。
8. 《中原音韻》的十九個韻部,分別是 _____。
9. 《早梅詩》:_____。
10. "十三轍":_____。

三、問答題

1. 請說明什麼是"協句"和"叶音",並進行簡單評價。

2. 請評價陳第的古音學貢獻,以及他的局限性。

3. 請分析顧炎武研究古音的基本方法,及其主要貢獻。

4. 古音學上的考古派和審音派有什麼區別?各自有哪些代表人物?

5. 請解釋什麼是"古無輕唇音"、"古無舌上音",並進行簡單評價。

6. 請列表比較《廣韻》二百零六韻與"平水韻"一百零六韻的關係。

7. 什麼是"該死十三元"?爲什麼會產生這樣一種現象?

8. 請寫出《中原音韻》十九韻部的名稱及其擬音,並簡單分析《中原音韻》韻母系統的特點。

9. 請舉例說明《洪武正韻》和《韻略易通》這兩部韻書性質上的差別。

10. 請簡單比較《中原音韻》聲母系統與《早梅詩》的異同,並總結一些聲母發展的規律。

附錄:《音韻學教程》(第五版)練習題答案

下面附錄《音韻學教程》練習一至練習八的答案。除了根據各自方言以及要求標注自己姓名的問題以外,所有練習題都做了解答,供參考。

練習一(20頁)

一、用國際音標注出下列各組字的普通話讀音,並分析出它們的聲母、韻母(韻頭、韻腹、韻尾)和聲調:

1.

	聲母	韻母	聲調	讀音
學	[ɕ]	[ye]	[35]	[ɕye 35]
好	[x]	[au]	[214]	[xau 214]
漢	[x]	[an]	[51]	[xan 51]
語	[ø]	[y]	[214]	[y 214]
聲	[ʂ]	[əŋ]	[55]	[ʂəŋ 55]
韻	[ø]	[yn]	[51]	[yn 51]
調	[t]	[iau]	[51]	[tiau 51]
系	[ɕ]	[i]	[51]	[ɕi 51]
統	[tʰ]	[uŋ]	[214]	[tʰuŋ 214]

2.

	聲母	韻母	聲調	讀音
海	[x]	[ai]	[214]	[xai 214]
闊	[kʰ]	[uo]	[51]	[kʰuo 51]
憑	[pʰ]	[iŋ]	[35]	[pʰiŋ 35]
魚	[ø]	[y]	[35]	[y 35]
躍	[ø]	[ye]	[51]	[ye 51]
天	[tʰ]	[ian]	[55]	[tʰian 55]
高	[k]	[au]	[55]	[kau 55]
任	[ʐ]	[ən]	[51]	[ʐən 51]
鳥	[n]	[iau]	[214]	[niau 214]
飛	[f]	[ei]	[55]	[fei 55]

二、拼寫出下列反切的現代普通話讀音，並注出其被切字：

反切	普通話讀音	被切字
基煙切	[tɕian 55]	堅
徒紅切	[tʰuŋ 35]	同
息救切	[ɕiu 51]	秀
奴案切	[nan 51]	難
素姑切	[su 55]	蘇

反切	普通話讀音	被切字
去演切	[tɕʰian 214]	遣
許良切	[ɕian 55]	香
烏干切	[an 55]	安
之盛切	[tʂəŋ 51]	正
江雅切	[tɕia 214]	假

三、指出下列詞語哪些是雙聲，哪些是叠韻。

雙聲	交界、干戈、豔陽、匍匐、安穩
叠韻	菡萏、徘徊、彷徨、纏綿
變聲兼叠韻	輾轉

練習二（28—29 頁）

一、拼寫出下列反切的現代讀音，並查出其反切上字屬於三十六字母中的哪個字母：

反切	現代讀音	字母
古到切	告[kau 51]	見
先稽切	西[ɕi 55]	心
呼改切	海[xai 214]	曉
莫包切	毛[mau 35]	明
丘嬰切	輕[tɕʰiŋ 55]	溪
哀都切	烏[u 55]	影

反切	現代讀音	字母
子侯切	緅[tsou 55]	精
蘇雕切	蕭[ɕiau 55]	心
戶公切	紅[xuŋ 35]	匣
當孤切	都[tu 55]	端
陟魚切	豬[tʂu 55]	知
度官切	團[tʰuan 35]	定

二、試比較宋人三十六字母與唐守溫三十字母的異同。

答：宋人三十六字母與唐守溫三十字母的共同點在於都分爲唇、舌、牙、齒、喉五音，而且舌音又分爲舌頭、舌上，齒音也分爲齒頭、正齒。不同的是，三十字母唇音只有一類，而三十六字母唇音則分爲重唇、輕唇。另外，三十六字母還有半舌音、半齒音兩類。

其實，二者之間更大的不同是各字母歸入五音的情況，當然還有代表字的不同。現在逐一具體分析如下：

唇音。三十字母作"不芳並明",三十六字母是重唇"幫滂並明"、輕唇"非敷奉微"。三十字母中沒有輕唇音,顯示的是唇音分化之前的情況,雖然用字不同,但表示的是一樣的聲母類,排列順序也一致。

舌音。二者在舌頭音"端透定泥"是一致的,但是三十字母的舌上音是"知徹澄日",而三十六字母則是"知徹澄娘"。這是聲母歸類的不同,但同時也透露出唐守溫的"日"母極可能是帶有鼻音聲母性質的。三十六字母的"日"母是歸爲半齒音。另外,三十字母中沒有"娘"母。

牙音。三十字母是"見溪群來疑",而三十六字母的"來"母不歸入牙音中,作"見溪群疑"。三十六字母的"來"母是分析爲半舌音。這很難説爲什麼三十字母中的"來"母會與牙音歸在一類,但也許是爲了在豎列上與"明、泥、日、來"形成對應。

齒音。三十字母齒頭音作"精清從",而三十六字母是"精清從心邪"。三十字母的"心邪"歸入喉音清音中。而且"邪"母在韻圖以及三十六字母的構擬中都是濁聲母,但在三十字母中却歸入清聲母一類。在正齒音上二者也不同,三十字母作"審穿禪照",三十六字母是"照穿牀審禪"。三十字母中沒有"牀"母,而且排列順序也不一樣。比較起來,三十六字母的排列比較科學。

喉音。三十字母分爲兩列,清音"心邪曉"和濁音"匣喻影"。而三十六字母則是"影喻曉匣"。在齒音中已經分析過,三十六字母的"心邪"是作爲齒頭音,而且"邪"母是濁音。另外,多數學者都同意三十六字母中的"影"母是個零聲母,韻圖中也作爲清音,但三十字母却作爲濁音。

四、辨析並記熟三十六字母中哪些是全清,哪些是次清,哪些是全濁,哪些是次濁。

全清	次清	全濁	次濁
見[k]	溪[k^h]	群[g]	疑[ŋ]
端[t]	透[t^h]	定[d]	泥[n]
知[ȶ]	徹[$ȶ^h$]	澄[ȡ]	娘[ȵ]
幫[p]	滂[p^h]	並[b]	明[m]
非[pf]	敷[pf^h]	奉[bv]	微[ɱ]
精[ts] 心[s]	清[ts^h]	從[dz] 邪[z]	

續表

照[tɕ] 審[ɕ]	穿[tɕʰ]	牀[dʐ] 禪[ʐ]	
影[ø] 曉[x]		匣[ɣ]	喻[j]
			來[l]
			日[nʐ]

練習三（53頁）

一、注出下列兩首詩的韻脚，並以它們爲例，說明韻、韻母和韻部的異同。

早發白帝城　　李白

朝辭白帝彩雲間，千里江陵一日還。
兩岸猿聲啼不住，輕舟已過萬重山。

韻脚字：間（山韻，[tɕian 55]）、還（删韻，[xuan 35]）、山（山韻，[ʂan 55]）韻母是包括韻頭、韻腹、韻尾；韻是韻腹和韻尾，加聲調。

三個韻脚字的韻母分別是[ian]、[uan]、[an]，都不一致。但是韻並不包括韻頭，所以如果只是韻腹和韻尾，那它們是一致的。另外，從古四聲來看，這三個韻脚字都是平聲字。只是由於平分陰陽，濁聲母字變爲陽平調[35]，清聲母字則爲陰平調[55]。（删韻和山韻在格律詩實際的押韻中是"同用"的。）

聞官軍收河南河北　　杜甫

劍外忽傳收薊北，初聞涕淚滿衣裳。
却看妻子愁何在，漫卷詩書喜欲狂。
白日放歌須縱酒，青春作伴好還鄉。
即從巴峽穿巫峽，便下襄陽向洛陽。

韻脚字：裳（陽韻，[aŋ35]）、狂（陽韻，[uaŋ 35]）、鄉（陽韻，[iaŋ 55]）、陽（陽韻，[iaŋ35]）這四個韻脚字都是平聲字。因此雖然它們的韻頭不同，但韻腹、韻尾和聲調都一致。可見韻和韻母、韻是不同的。

二、注出王之渙《登鸛雀樓》詩的四聲和平仄：

	白	日	依	山	盡	黃	河	入	海	流
四聲	入聲	入聲	平聲	平聲	上聲	平聲	平聲	入聲	上聲	平聲
平仄	仄	仄	平	平	仄	平	平	仄	仄	平

	欲	窮	千	里	目	更	上	一	層	樓
四聲	入聲	平聲	平聲	上聲	入聲	去聲	上聲	入聲	平聲	平聲
平仄	仄	平	平	仄	仄	仄	仄	仄	平	平

四、解釋下列名詞概念：

韻攝："韻攝"是宋元韻圖作者根據韻尾相同、主元音相近的原則對韻歸類的結果。一般來說，是指把《廣韻》二〇六韻歸納爲十六攝，即：通、江、止、遇、蟹、臻、山、效、果、假、宕、梗、曾、流、深、咸。這十六攝內部所包含的韻的數量不等，少的如假攝只有"麻、馬、禡"三個韻，多的如咸攝則有三十二個韻。一般的則有十幾到二十幾個韻。"攝"其實就是統攝的意思，與佛教的關係密切，佛經中的攝就是"總攝"、"歸總"的意思，也就是"以少持多"的意思。因此，韻攝有將一些具有共同性質的韻歸爲一個大類的含義，而這共同性質就是韻尾相同、主元音相近。比如效攝，其中包含"蕭、篠、嘯；宵、小、笑；肴、巧、效；豪、皓、号"十二個韻，不計聲調則是"蕭、宵、肴、豪"四個韻部。它們都是收[u]韻尾的，主元音也相近，即蕭[ieu]、宵[iɛu]、肴[au]、豪[ɑu]。

轉："轉"也是韻圖中所使用的概念，就是"輾轉"的意思，是指聲母與韻母輾轉相拼，拼出一個個字音來。因此早期韻圖中的每一張字表，就稱做"轉"，比如《韻鏡》第一圖"東韻"的標題是"內轉第一開"，《七音略》第一圖也叫"內轉第一"。這些韻圖中除了內轉，還有外轉，這裏"內"、"外"的意思是指有無二等韻，即凡有二等韻的字表叫"外轉"，沒有二等韻的叫"內轉"。

韻圖的結構是根據聲母、韻、等呼以拼切字音來編製的。如以《韻鏡》第一圖"東韻"爲例，字表的第一行按五音排列聲母，其下分四欄標爲"東、董、送、屋"四韻亦代表四聲；各欄內又分四行表示一、二、三、四等；至於開合則分別列表，如"脂韻"分開合，則分列兩個表，即"內轉第六開"與"內轉第七合"。這樣一來，各欄內橫向"韻"與豎列"聲母"交叉的每一個點都表示一個音，如東韻脣音清下第三行是"風"字，舌音清下第一行是"東"字，第三行是"中"字。第幾行就表示幾等，因此"風"、"中"屬於三等、"東"則是一等。另外，唇音清下第一行是個"〇"，表示這個位置有音無字。韻圖上的每個字表就是如此聲、韻、等呼輾轉相拼，可以拼出所有音節的。因此叫做"轉"。這個"轉"的名稱也與佛教有密切關係。如佛經中有一種叫"轉唱"的，就是輪流唱的意思，"轉"正是取這裏"流轉"的意思。另外，佛經又是用梵文寫的，梵文中有一種元音與輔音輪流相拼的語音練習，佛經中叫做"字輪品"，這個"字輪"也正是輾轉相拼以產生字音的意思。

等："等"是等韻圖的一個基本概念，也是音韻學的一個核心概念。它本來是古代音韻學家用來分析韻的，但後來由於聲韻相配合的關係也給聲母分出了"等"。從分析韻母的角度看，用現代語音學來解說"等"就是介音與主元音的區別。等韻圖將韻母分析爲四個"等"，從"一等"到"四等"，現在比較通行的說法是清代江永提出的，是韻母開口度因介音和主元音的變化由大到小的區別，即"一等洪大，二等次大，三四皆細，而四尤細"。其中重要的關鍵在於一二等不帶 [i] 介音，而三四等帶 [i] 介音。用現代語音學來解釋，我們可以說所謂"洪大"其實就是指發音時元音舌位比較後比較低，如 [ɑ]、[ə]、[o]、[u] 等；而所謂"細"就是指發音時元音舌位比較前比較高，如 [i]、[e]、[ɛ]、[a] 等。以下我們舉開、合兩組例子及其擬音進行說明：

	一等	二等	三等	四等
開口	高 kɑu	交 kau	嬌 kiɛu	澆 kieu
	（豪）	（肴）	（宵）	（蕭）
合口	觀 kuɑn	關 kuan	勸 kiuɛn	涓 kiuen
	（桓）	（刪）	（仙）	（先）

由此可以清楚地看出，一二等的"洪音"與三四等的"細音"之間的差別在於有無 [i] 介音。而一二等之間以及三四等之間的差別則在於主元音的前後、高低了。

重輕："重輕"是早期韻圖中使用的概念，它是用來區分韻的開合的。韻圖的原則是按照聲、韻、等呼來拼合字音的，其編排體例是每一字表中橫欄爲韻，豎列爲聲母，韻欄中又分四行爲一、二、三、四等。至於開合，則必須分圖了。比如"麻韻"區分開合，因此《韻鏡》就分爲"內轉第二十九開"、"外轉第三十合"，而《七音略》則標題爲"外轉二十九"與"外轉三十"。我們

附録:《音韻學教程》(第五版)練習題答案　97

注意到《七音略》的字表標題是不注明"開"、"合"的。它正是用"重輕"來表示開合,即把開叫"重",把合叫"輕"。但《七音略》中還有許多"重中重"、"重中輕"、"輕中輕"、"輕中重"等。一般來説,凡是"重"字在前頭的就是開口,"輕"字在前頭的就是合口。比如《七音略》麻韻"外轉二十九"就是"重中重",相當於《韻鏡》的"内轉第二十九開",而"外轉三十"是"輕中輕",則相當於《韻鏡》的"外轉第三十合"。又如"脂韻"也分開合,《韻鏡》是分"内轉第六開"與"内轉第七合"兩個字表;而《七音略》分"内轉第六"與"内轉第七"。其"内轉第六"則標注"重中重",相當於《韻鏡》"内轉第六開",其"内轉第七"標注"輕中重"則相當於《韻鏡》"内轉第七合"。

練習四(70—71頁)

三、從《廣韻》裏查出下列字各在何韻,並注出其反切和同小韻字數:

1.

《廣韻》	好	男	兒	志	在	四	方
韻目	皓韻	覃韻	支韻	志韻	海韻	至韻	陽韻
同小韻字數	2	7	4	7	1	14	7

2.

《廣韻》	驕	傲	來	自	淺	薄	狂	妄	出	於	無	知
韻目	宵韻	号韻	咍韻	至韻	獮韻	鐸韻	陽韻	漾韻	術韻	魚韻	虞韻	支韻
同小韻字數	9	8	15	2	1	11	5	6	1	5	21	6

四、注出杜甫《天末懷李白》的四聲、平仄及其韻脚所屬《廣韻》韻目:

	涼	風	起	天	末	君	子	意	如	何
四聲	平聲	平聲	上聲	平聲	入聲	平聲	上聲	去聲	平聲	平聲
平仄	平	平	仄	平	仄	平	仄	仄	平	平
韻目	陽	東	止	先	末	文	止	志	魚	歌

	鴻	雁	幾	時	到	江	湖	秋	水	多
四聲	平聲	去聲	上聲	平聲	去聲	平聲	平聲	平聲	上聲	平聲
平仄	平	仄	仄	平	仄	平	平	平	仄	平
韻目	東	諫	尾	之	号	江	模	尤	旨	歌

	文	章	憎	命	達	魑	魅	喜	人	過
四聲	平聲	平聲	平聲	去聲	入聲	平聲	去聲	上聲	平聲	平聲
平仄	平	平	平	仄	仄	平	仄	仄	平	平
韻目	文	陽	登	映	曷	支	至	止	真	戈

	應	共	冤	魂	語	投	詩	贈	汨	羅
四聲	平聲	去聲	平聲	平聲	上聲	平聲	平聲	去聲	入聲	平聲
平仄	仄	仄	平	平	仄	平	平	仄	仄	平
韻目	證	用	元	魂	語	侯	之	嶝	錫	歌

練習五(91頁)

一、查出下列字的《廣韻》聲類和聲母：

1.

	天	下	事	惟	助	人	乃	有	真	樂	耳
聲類	他	胡	崇	以	崇	而	奴	于	章	來	而
聲母	透	匣	牀₂	喻₄	牀₂	日	泥	匣	照₃	盧	日

2.

	書	到	用	時	方	恨	少
聲類	書	都	以	市	方	胡	書
聲母	審₃	端	喻₄	市	幫	匣	審₃

二、辨析下列字的清濁(全清、次清、全濁、次濁)：

	步	午	化	丘	道	溫	葵	二
清濁	全濁	次濁	全清	次清	全濁	全清	全濁	次濁

	扇	修	陽	特	怒	術	延	芬
清濁	全清	全清	次濁	全濁	次濁	全濁	次濁	次清

三、什麼叫做尖團音？你的方言裏能分別尖團音嗎？試舉例加以說明。

答：古代的精、見兩組聲母在現代普通話中都分化出舌面音聲母[tɕ]、[tɕʰ]、[ɕ]，分化的條件是，齊齒呼與撮口呼，即在介音[i]、[y]前的精、見兩組聲母都變爲[tɕ]、[tɕʰ]、[ɕ]，而在開口、合口二呼之前則分別保留[k]、[kʰ]、[x]與[ts]、[tsʰ]、[s]。比如精母字在現代普通話就分爲"增"[ts-]與"精"[tɕ-]兩類聲母；見母也是分爲"庚"[k-]與"經"[tɕ-]兩類聲母。如果從現代普通話的角度來看，則[tɕ]、[tɕʰ]、[ɕ]三個聲母同時擁有兩個來源，即古代精組與見組。也可以説，現代普通話中，古代精、見兩組聲母的細音合流爲[tɕ]、[tɕʰ]、[ɕ]了，如[tɕiŋ]有"精"（精母）與"經"（見母），[tɕʰiŋ]有"清"（清母）與"輕"（溪母），[ɕiŋ]有"星"（心母）與"興"（曉母）。

但是從歷史演變的角度來看，這兩組的分化時間應該是有先后的。現代方言的研究顯示，見組的分化要早於精組，因爲有些方言見組已經分化出舌面聲母[tɕ]、[tɕʰ]、[ɕ]，而精組的細音仍是讀作[ts]、[tsʰ]、[s]。因此在這些方言中，齊齒呼與撮口呼韻母前就有舌面音[tɕ]、[tɕʰ]、[ɕ]與舌尖前[ts]、[tsʰ]、[s]的區別了。比如説"經、輕、興"讀作[tɕiŋ]、[tɕʰiŋ]、[ɕiŋ]，而"精、清、星"則讀作[tsiŋ]、[tsʰiŋ]、[siŋ]。這就是所謂的區分"尖團音"。具體説，在[i]、[y]前念[tɕ]、[tɕʰ]、[ɕ]叫做"團音"，而念[ts]、[tsʰ]、[s]則叫做"尖音"。

（根據自己方言分析是否能夠區分尖團音，略。）

四、試述《廣韻》全濁聲母到現在普通話清音化的規律。

答：從《廣韻》三十五聲母到現代普通話的聲母演變，"濁音清化"無疑是最重要的一條演變規律。《廣韻》中有十個全濁聲母（並、定、澄、群、從、崇、船、邪、禪、匣），其中又可按不同發音方法分爲三類：一、塞音"並、定、澄、群"；二、塞擦音"從、崇、船"；三、擦音"邪、禪、匣"。這三類清化的規律不盡相同，具體如下：

首先看塞音和塞擦音。這兩類的清化規律基本一致，都是按聲調的平仄不同分別變讀爲送氣或不送氣的清音。具體説，即《廣韻》的全濁聲母平聲字在現代普通話中都演變爲送氣清音，而仄聲字則演變爲不送氣清音。比如，塞音定母的平聲字"堂、田、徒"現代普通話都讀送氣清音的[tʰ-]，仄聲字"宕、電、杜"則都讀不送氣清音[t-]。至於塞擦音，舉例如從母的平聲字"才、存、蠶"現代普通話讀送氣清音[tsʰ-]，仄聲字"在、座、疾"則讀不送氣清音[ts-]。然而，船母則比較不一樣，平聲字今讀送氣的塞擦音[tsʰ-]（"船脣"）和擦音[ʂ-]（"神繩蛇"），仄聲則多讀擦音[ʂ-]（"舌順射"）。另外由於《廣韻》的清組聲母（"精、清、從、心、邪"）到了現代普通話中還經過了分化的演變階段，所以"從"母字到了現代普通話不僅聲母清音化了，其中一部分字還在發音部位上發生了變化，比如"從"母平聲

"才、齊",普通話中都讀作送氣清音的聲母,"才"的聲母是[tsʰ-],"齊"則變成了舌面聲母[tɕʰ-]。

其次看擦音。全濁擦音聲母的清化規律很簡單,無論平仄都演變爲相應的清擦音聲母。這是因爲普通話中的擦音聲母沒有送氣與不送氣的區別。舉例來說,匣母字本讀[ɣ-],現代普通話則演變爲[x-],如"河華紅户害滑";邪母本讀[z-],今讀是[s-],如"隨寺飼松誦俗"。此外,這兩個聲母也跟上面提到的從母一樣,即從《廣韻》演變到現代普通話不僅清音化了,而且在發音部位上也經過了分化。它們各自都有部分字普通話讀作舌面聲母的[ɕ-]。比如匣母,除了"河"一類字以外,另有一部分字普通話讀作[ɕ-]聲母的,如"霞諧咸形"。邪母也一樣,除了"隨"類,還有"邪袖旋席"一類是讀作[ɕ-]聲母的。值得注意的是,不論是[x-]、[s-]或[ɕ-]都仍是清擦音。

練習六(114—115頁)

一、用系聯法分析《廣韻》東韻、麻韻、庚韻的反切下字,求出它們的類別。

東韻

東,德紅切	空,苦紅切	蒙,莫紅切	忽,倉紅切	㚇,子紅切
同,徒紅切	公,古紅切	翁,烏紅切	通,他紅切	蓬,薄紅切

中,陟弓切	崇,鋤弓切	雄,羽弓切
蟲,直弓切	嵩,息弓切	窮,渠弓切

終,職戎切	融,以戎切	風,方戎切
弓,居戎切	馮,房戎切	

仲,敕中切	𧟄,莫中切	隆,力中切

戎,如融切

穹,去宮切

豐,敷空切

充,昌終切

| 洪,户公切 | 檴,蘇公切 |

| 烘,呼東切 | 巆,五東切 |

以上按照同用例整理東韻的反切,一共有十個反切下字:紅、弓、戎、中、融、宮、空、終、公、東。再以遞用例與互用例進行系聯,則"紅、空、公、東"合爲一類;"弓、戎、中、戎、宮(居戎切)、終"合爲一類。

因此,可以得出東韻的反切下字分爲二類,即"紅"類與"弓"類。

麻韻

車,尺遮切	邪,以遮切	蛇,食遮切	闍,視遮切	奢,式車切
花,呼瓜切	誇,苦瓜切	窊,烏瓜切	檛,陟瓜切	欥,五瓜切

拏,女加切	巴,伯加切	樝,側加切	侘,敕加切	舿,苦加切
遐,胡加切	鯊,所加切	茶,宅加切	爹,陟加切	㩘,乞加切
鴉,於加切	牙,五加切	楂,鉏加切	煆,許加切	

| 嗟,子邪切 | 查,才邪切 | 些,寫邪切 | 爹,陟邪切 |

| 嘉,古牙切 | 叉,初牙切 |

| 麻,莫霞切 |

| 遮,正奢切 |

| 葩,普巴切 | 杷,蒲巴切 |

| 華,户花切 |

| 瓜,古華切 | 髽,莊華切 |

| 袤,似嗟切 |

| 若,人賒切 |

以上按照同用例整理麻韻的反切,一共有十二個反切下字:遮、瓜、加、邪、牙、霞、奢、巴、花、華、嗟、賒。再以遞用例與互用例系聯,則"遮、邪、奢、嗟、賒"合爲一類;"瓜、花、華"合爲一類;"加、牙、霞(胡加切)、巴(伯加切)"

合爲一類。

因此,可以得出麻韻的反切下字分爲三類,即"遮"類、"瓜"類與"加"類。

庚韻

庚,古行切	行,戶庚切

阮,客庚切	脝,許庚切	傖,助庚切	生,所庚切
盲,武庚切	瞠,丑庚切	磅,撫庚切	鬤,乃庚切
彭,薄庚切	鎗,楚庚切	棖,直庚切	

橫,戶盲切	祊,甫盲切	趟,竹盲切

諻,虎橫切	觵,古橫切

霙,於驚切

平,符兵切	明,武兵切	榮,永兵切

驚,舉卿切

兵,甫明切

兄,許榮切

卿,去京切	擎,渠京切	迎,語京切

以上按照同用例整理麻韻的反切,一共有十個反切下字:庚、行、盲、橫、驚、兵、卿、明、榮、京。再以遞用例與互用例系聯,則"庚、行、盲、橫"合爲一類;"京、驚、卿"合爲一類;"兵、明、榮"合爲一類。

因此,可以得出麻韻的反切下字分爲三類,即"庚"類、"京"類與"兵"類。

二、查出下列字的《廣韻》韻類、韻母和等呼:

1.

《廣韻》	論	韻	宜	詳	洪	與	細
韻類	恩	問	支	良	紅	呂	計
韻母	uən	ĭuən	ĭe	ĭaŋ	uŋ	ĭo	iei
等呼	一等,開口	三等,合口	三等,開口	三等,開口	一等,合口	三等,開口	四等,開口

《廣韻》	審	音	應	辨	輕	和	重
韻類	荏	林	陵	善	盈	戈	隴
韻母	iěm	iěm	iěŋ	iɛn	iɛŋ	uɑ	iwoŋ
等呼	三等,開口	三等,開口	三等,開口	三等,開口	三等,開口	一等,合口	三等,合口

2.

《廣韻》	百	川	到	東	海		
韻類	格	緣	到	紅	亥		
韻母	ɐk	iwɛn	ɑu	uŋ	ɒi		
等呼	二等,開口	三等,合口	一等,開口	一等,合口	一等,開口		

《廣韻》	何	時	復	西	歸		
韻類	何	之	六	奚	非		
韻母	ɑ	iə̌	iuk	iei	iwəi		
等呼	一等,開口	三等,開口	三等,合口	四等,開口	三等,開口		

三、試述《廣韻》二〇六韻的分等情況。哪些韻攝四等俱全？哪些韻攝四等不全？

答：(《廣韻》的分等情況，見《音韻學教程》(第四版)103 頁)

十六攝的四等情況如下表：

韻攝	所包含的韻(舉平賅上去入)	四等
通攝	東(一、三等)、冬(一等)、鍾(三等)	一、三等
江攝	江(二等)	二等
止攝	支(三等)、脂(三等)、之(三等)、微(三等)	三等
遇攝	魚(三等)、虞(三等)、模(一等)	一、三等
蟹攝	齊(四等)、佳(二等)、皆(二等)、灰(一等)、咍(一等)、祭(三等)、泰(一等)、夬(二等)、廢(三等)	一、二、三、四等
臻攝	真(三等)、諄(三等)、臻(三等)、文(三等)、欣(三等)、魂(一等)、痕(一等)	一、三等
山攝	元(三等)、寒(一等)、桓(一等)、刪(二等)、山(二等)、仙(三等)、先(四等)	一、二、三、四等

效攝	蕭(四等)、宵(三等)、肴(二等)、豪(一等)	一、二、三、四等
果攝	歌(一等)、戈(一、三等)	一、三等
假攝	麻(二、三等)	二、三等
宕攝	陽(三等)、唐(一等)	一、三等
梗攝	庚(二、三等)、耕(二等)、清(三等)、青(四等)	二、三、四等
曾攝	蒸(三等)、登(一等)	一、三等
流攝	尤(三等)、侯(一等)、幽(三等)	一、三等
深攝	侵(三等)	三等
咸攝	覃(一等)、談(一等)、鹽(三等)、添(四等)、咸(二等)、銜(二等)、嚴(三等)、凡(三等)	一、二、三、四等

由上表可以看出，四等俱全的韻攝有：蟹攝、山攝、效攝、咸攝。其餘都是四等不全的。

四、從《韻鏡》裏查出下面諸音韻地位的代表字：

1.	外轉第二十五開豪韻一等牙音清	高
2.	外轉第二十一開山韻二等齒音清	山
3.	內轉第三十七開尤韻三等半舌音清濁	劉
4.	內轉第七合旨韻三等齒音清	水
5.	外轉第十六合泰韻一等喉音濁	會
6.	內轉第四開支韻三等舌音清	知
7.	內轉第三十八合侵韻三等喉音清	音

練習七(133頁)

一、從《韻鏡》中查出下列字的音韻地位：

大	外轉第十五開泰韻一等舌音濁
江	外轉第三開合江韻二等牙音清
東	內轉第一開東韻一等舌音清
去	內轉第十一開魚韻三等牙音次清
浪	內轉第三十一開宕韻一等半舌音清濁
淘	外轉第二十五開豪韻一等舌音濁(陶)

續表

盡	外轉第十七開軫韻四等齒音濁清
千	外轉第二十三開先韻四等齒音次清
古	內轉第十二開合姥韻一等牙音清
風	內轉第一開東韻三等唇音清
流	內轉第三十七開尤韻三等半舌音清濁（劉）
人	外轉第十七開真韻三等半齒音清濁
物	外轉第二十合物韻三等唇音清濁

二、效攝、果攝和假攝各包括哪幾韻哪幾個韻母？今天普通話有幾種讀法？舉例分析它們合流或分化的條件。

答：效攝各韻到現代普通話的演變主要是合併，由原來四個主元音合併爲現代普通話的一個主元音，韻母也由原來四個合併爲兩個。具體情況是這樣的：

效攝包含"豪、皓、号"，"肴、巧、效"，"宵、小、笑"，"蕭、篠、嘯"十二個韻，如果不計聲調的區別，則是"豪、肴、宵、蕭"四個韻部，它們的反切下字各都只有一類，又同是開口韻，而韻圖又將它們分屬於一、二、三、四等的位置上。所以它們的韻母一共是四個：[ɑu]、[au]、[iɛu]、[ieu]。今天普通話則都讀作[au]和[iau]兩類韻母。其演變的情況如下：

一等"豪"韻（舉平以賅上去，下同）都讀[au]，如"褒、毛、刀、勞、遭、騷、高、熬、豪"。二等"肴"韻的舌音聲母（即來源於古知組和照二組）"爪、罩、抄、巢、梢、稍、撓、鬧、淖"和唇音聲母（即來源於古幫組）"包、胞、泡、茅"的字讀作[au]，其餘都讀作[iau]，如"交、膠、敲、肴、孝"。三等"宵"韻除了捲舌音聲母（即來源於古知組和照二組）的字讀[au]，如"朝、超、昭、燒、少、紹"，其餘都讀作[iau]，如"飄、瓢、苗、燎、焦、驕、樵、囂、妖、搖"。四等"蕭"韻都讀作[iau]，如"刁、挑、條、遼、簫、澆、堯"。

果攝和假攝的各韻到現代普通話的演變則主要是分化，但二攝中的各韻之間也有彼此合併的。具體分析如下：

果攝包含"歌、哿、箇"，"戈、果、過"六個韻，不計聲調則是"歌、戈"兩個韻部。從反切下字來看，"歌"韻只有一類，"戈"韻有三類（平聲"戈"韻有三類、上聲"果"韻只有一類、去聲"過"韻只有一類）。而"歌"韻是開口一等[ɑ]，"戈"韻三類則是開口三等[iɑ]與合口一等[uɑ]、三等[iuɑ]。一共是一個主元音，四個韻母。假攝包含"麻、馬、禡"三個韻，一個韻部。反切下字分爲三類，韻圖中分別排在開口二等[a]、三等[ia]與合口二等[ua]。一共是一個主元音，三個韻母。

假攝"麻"韻（舉平賅上去，下同）的三個韻母分化爲現代普通話的五個韻母，分別爲[a]"巴、爬、拿、茶、查、沙"，[ia]"加、家、牙、霞、雅"，[ua]"瓜、夸、花、蛙"，[ɤ]"遮、車、蛇、賖、惹"，[ie]"些、邪、耶、爺"。其中包含主元音[a]、[ɤ]、[e]三個。

果攝"歌"韻、"戈"韻的四個韻母則分化爲現代普通話的六個韻母，包含主元音四個。分別爲[ɤ]"歌、戈、河、何、科、訛"，[o]"波、坡、婆、磨"，[uo]"多、拖、挪、羅、搓、梭、橢、過、火、倭"，[ie]"茄"，[ye]"瘸、靴"，[a]"他"。其中[ie]、[ye]、[a]字數較少。

從以上分化情況，我們可以看到假、果二攝的演變是以分化爲主，各自的韻母數都多於中古時期，尤其主元音數目更是由各一個增加到三個與四個。但同時二攝的各韻之間也有合併的，如[ɤ]、[ie]、[a]三個韻母中都包含兩個韻攝中的字。

三、注出杜甫《江南逢李龜年》一詩的《廣韻》聲母、韻母等呼和調類：

《廣韻》	岐	千	宅	裏	尋	常	見
聲母	群	喻三	澄	來	邪	禪	見
韻母	支	陽	陌	止	侵	陽	霰
等呼	三等,開口	三等,合口	二等,開口	三等,開口	三等,開口	三等,開口	四等,開口
調類	平聲	平聲	入聲	上聲	平聲	平聲	去聲

《廣韻》	崔	九	堂	前	幾	度	聞
聲母	清	見	定	從	見	定	明
韻母	灰	有	唐	先	尾	暮	文
等呼	一等,合口	三等,開口	一等,開口	四等,開口	三等,開口	一等,合口	三等,合口
調類	平聲	上聲	平聲	平聲	上聲	去聲	平聲

《廣韻》	正	是	江	南	好	風	景
聲母	章	禪	見	泥	曉	幫	見
韻母	勁	紙	江	覃	皓	東	梗
等呼	三等,開口	三等,開口	二等,開口	一等,開口	一等,開口	三等,合口	三等,開口
調類	去聲	上聲	平聲	平聲	上聲	平聲	上聲

《廣韻》	落	花	時	節	又	逢	君
聲母	來	曉	禪	精	喻三	並	見
韻母	鐸	麻	之	屑	宥	鍾	文
等呼	一等	開口二等	合口三等	開口四等	開口三等	開口三等	合口三等	合口三等
調類	入聲	平聲	平聲	入聲	去聲	平聲	平聲

四、用國際音標注出下列字的普通話讀音，並説明它們在《廣韻》裏是不是入聲字，爲什麽？

	普通話讀音	入聲	理由
截	[tɕie 35]	+	聲母是不送氣的塞音和塞擦音而讀陽平的字，絶大多數來自古代入聲。
説	[ʂuo 55]	+	[uo]韻母和捲舌聲母相拼的字，來自古代入聲。
位	[uei 51]	−	[uei]韻母的字，基本上不是古入聲字。
缺	[tɕʰye 55]	+	[ye]韻母的字大都來自古代入聲。
伐	[fa35]	+	聲母[f]和[a]韻母相拼的字，來自古代入聲。
而	[ɚ 35]	−	[ɚ]韻母字都不是來自古代入聲。
秣	[mo 51]	+	[po]、[pʰo]、[mo]三個音節的字，除了一些歌、戈韻字，都是來自古代入聲。
皮	[pʰi 35]	−	[pi]、[pʰi]、[mi]三個音節的字，除了去聲字，都不是來自古代入聲。
及	[tɕi 35]	+	聲母是不送氣的塞音和塞擦音而讀陽平的字，絶大多數來自古代入聲。
次	[tsʰɿ 51]	−	[tsɿ]、[tsʰɿ]、[sɿ]三個音節的字，都不是來自古代入聲。
鴨	[ia 55]	+	[ia]韻母字，除了麻韻字，其餘都來源於古代入聲。
薄	[bo 35]	+	[po]、[pʰo]、[mo]三個音節的字，除了一些歌、戈韻字，都是來自古代入聲。

練習八（142－143 頁）

一、構擬下列《廣韻》音：

1.	端母歌韻開口一等	[ₑta]
2.	來母有韻開口三等	[ₑlĭəu]
3.	澄母線韻合口三等	[ɖĭwɛnˀ]
4.	曉母没韻合口一等	[xuətₒ]

續表

5.	生母咸韻開口二等	[₋ʃɐm]
6.	並母庚韻開口三等	[₋bǐɐŋ]
7.	章母送韻合口三等	[tɕǐuŋ⁻]
8.	群母陽韻開口三等	[₋gǐaŋ]
9.	心母諄韻合口三等	[₋sǐuĕn]
10.	疑母支韻開口三等	[₋ŋǐe]

二、給下邊這首唐詩和自己的姓名構擬中古音（先查出每個字的《廣韻》聲母、韻目等呼和調類）：

1.

李白《與史郎中欽聽黃鶴樓上吹笛》

	一	爲	遷	客	去	長	沙
聲母	影	喻三	清	溪	溪	澄	山
韻目	質	支	仙	陌	御	陽	麻
等呼	三等,開口	三等,合口	三等,開口	二等,開口	三等,開口	三等,開口	二等,開口
調類	入聲	平聲	平聲	入聲	去聲	平聲	平聲
中古音	ǐĕt	ɣǐwe	tsʰǐɛn	kʰɐk	kʰǐo	ȡǐaŋ	ʃa

《廣韻》	西	望	長	安	不	見	家
聲母	心	明	澄	影	幫	見	見
韻目	齊	漾	陽	寒	物	霰	麻
等呼	四等,開口	三等,合口	三等,開口	一等,開口	三等,合口	四等,開口	二等,開口
調類	平聲	去聲	平聲	平聲	入聲	去聲	平聲
中古音	siei	mǐwaŋ	ȡǐaŋ	ɑn	pǐwət	kien	ka

《廣韻》	黃	鶴	樓	中	吹	玉	笛
聲母	匣	匣	來	知	昌	疑	定
韻目	唐	鐸	侯	東	支	燭	錫
等呼	一等,合口	一等,開口	一等,開口	三等,合口	三等,合口	三等,合口	四等,開口
調類	平聲	入聲	平聲	平聲	平聲	入聲	入聲
中古音	ɣuɑŋ	ɣɑk	ləu	ťǐuŋ	tɕʰǐwe	ŋǐwok	diek

《廣韻》	江	城	五	月	落	梅	花
聲母	見	禪	疑	疑	來	明	曉
韻目	江	清	姥	月	鐸	灰	麻
等呼	二等,開口	三等,開口	一等,合口	三等,合口	一等,開口	一等,合口	二等,合口
調類	平聲	平聲	上聲	入聲	入聲	平聲	平聲
中古音	kɔŋ	ʑiɛŋ	ŋu	ŋiwɐt	lɑk	muɒi	xwa

三、拼寫出下列反切的現代普通話讀音：

反切	普通話讀音	反切	普通話讀音	反切	普通話讀音
乃都切	[nu 35]	直鄰切	[tʂʰən 35]	古勞切	[kau 55]
徒貢切	[tuŋ 51]	息姊切	[sʅ 214]	慈忍切	[tɕin 51]
胡講切	[ɕiaŋ 51]	莫加切	[ma 35]	卑犬切	[fan 214]
與專切	[tɕʰien 35]	如六切	[ʐou 51]	苦郎切	[kaŋ 55]
布交切	[pau 55]	五限切	[ien 214]	昨木切	[tsu 35]

北京大学出版社语言学教材总目

博雅21世纪汉语言专业规划教材：专业基础教材系列

　　语言学纲要(修订版)　　叶蜚声、徐通锵著，王洪君、李娟修订
　　语言学纲要(修订版)学习指导书　　王洪君等编著
　　现代汉语(第二版)(上)　　黄伯荣、李炜主编
　　现代汉语(第二版)(下)　　黄伯荣、李炜主编
　　现代汉语学习参考　　黄伯荣、李炜主编
　　古代汉语　　邵永海主编(即出)
　　古代汉语阅读文选　　邵永海主编(即出)
　　古代汉语常识　　邵永海主编(即出)

博雅21世纪汉语言专业规划教材：专业方向基础教材系列

　　语音学教程(增订版)　　林焘、王理嘉著，王韫佳、王理嘉增订
　　实验语音学基础教程　　孔江平编著
　　现代汉语词汇学教程　　周荐编著
　　简明实用汉语语法教程(第二版)　　马真著
　　当代语法学教程　　熊仲儒著
　　修辞学教程(修订版)　　陈汝东著
　　汉语方言学基础教程　　李小凡、项梦冰编著
　　语义学教程　　叶文曦编著
　　新编语义学概要(修订版)　　伍谦光编著
　　语用学教程(第二版)　　索振羽编著
　　语言类型学教程　　陆丙甫、金立鑫主编
　　汉语篇章语法教程　　方梅编著(即出)
　　汉语韵律语法教程　　冯胜利、王丽娟著(即出)
　　新编社会语言学概论　　祝畹瑾主编

计算语言学教程　詹卫东编著（即出）
　　音韵学教程（第五版）　唐作藩著
　　音韵学教程学习指导书　唐作藩、邱克威编著
　　训诂学教程（第三版）　许威汉著
　　校勘学教程　管锡华著
　　文字学教程　喻遂生著
　　汉字学教程　罗卫东编著（即出）
　　文化语言学教程　戴昭铭著（即出）
　　历史句法学教程　董秀芳著（即出）

博雅21世纪汉语言专业规划教材：专题研究教材系列
　　实验语音学概要（增订版）　鲍怀翘、林茂灿主编
　　现代汉语词汇（第二版）　符淮青著（即出）
　　现代汉语语法研究教程（第四版）　陆俭明著
　　汉语语法专题研究（增订版）　邵敬敏等著
　　现代实用汉语修辞（修订版）　李庆荣编著
　　新编语用学概论　何白然、冉永平编著
　　外国语言学简史　李娟编著（即出）
　　近代汉语研究概要（修订本）　蒋绍愚著
　　汉语白话史　徐时仪著
　　说文解字通论　黄天树著
　　甲骨文选读　喻遂生编著（即出）
　　商周金文选读　喻遂生编著（即出）
　　汉语语音史教程（第二版）　唐作藩著
　　音韵学讲义　丁邦新著
　　音韵学答问　丁邦新著
　　音韵学研究方法导论　耿振生著